WOLFGANG BAECKER

Grenzen der Vereinsautonomie im deutschen Sportverbandswesen

MÜNSTERISCHE BEITRÄGE ZUR RECHTSWISSENSCHAFT

Herausgegeben im Auftrag der Rechtswissenschaftlichen Fakultät
der Westfälischen Wilhelms-Universität in Münster durch die Professoren
Dr. Hans-Uwe Erichsen Dr. Helmut Kollhosser Dr. Jürgen Welp

Band 9

Grenzen der Vereinsautonomie im deutschen Sportverbandswesen

Von

Dr. Wolfgang Baecker

DUNCKER & HUMBLOT / BERLIN

CIP-Kurztitelaufnahme der Deutschen Bibliothek

Baecker, Wolfgang:
Grenzen der Vereinsautonomie im deutschen
Sportverbandswesen / von Wolfgang Baecker. —
Berlin: Duncker und Humblot, 1985.
(Münsterische Beiträge zur Rechtswissenschaft;
Bd. 9)
ISBN 3-428-05803-8

NE: GT

D 6

Gedruckt 1985 bei Buchdruckerei Bruno Luck, Berlin 65
Printed in Germany
ISBN 3-428-05803-8

Vorwort

Die Arbeit hat im Wintersemester 1984/85 dem Fachbereich Rechtswissenschaft der Westfälischen Wilhelms-Universität zu Münster als Dissertation vorgelegen. Die Arbeiten am Manuskript wurden im Spätsommer 1984 abgeschlossen. Spätere Veröffentlichungen konnten daher nur vereinzelt berücksichtigt werden.

Den entscheidenden Anstoß für die Arbeit gab Herr Professor Dr. Dr. Werner Krawietz, der auch das Erstgutachten erstattet hat. Dafür und für die mehrjährige fachliche und persönliche Förderung gilt ihm mein persönlicher Dank.

Ferner danke ich Herrn Professor Dr. Bernhard Großfeld, der die Arbeit als Zweitberichterstatter begutachtet hat.

Nicht zuletzt bin ich auch dem Fachbereich Rechtswissenschaft der Universität Münster für die Aufnahme der Arbeit in die Schriftenreihe „Münsterische Beiträge zur Rechtswissenschaft" und dem Verlag Duncker & Humblot für die verlegerische Betreuung zu Dank verpflichtet.

Die Arbeit widme ich in Dankbarkeit meinen Eltern und meiner lieben Frau.

Münster, im Frühjahr 1985

Wolfgang Baecker

Inhaltsverzeichnis

§ 1 Einleitung 13

Erstes Kapitel

Grundprobleme der Vereinsautonomie von Sportverbänden

§ 2 Die Vereinsautonomie 18

I. Problemstellung 18

II. Rechtshistorischer Überblick 19

III. Die Entwicklung der Rechtsprechung zur Vereinsautonomie 23

IV. Zusammenfassung 25

§ 3 Die Rechtsnatur der Vereinssatzung 26

I. Die Vertragstheorie 27

II. Die Normentheorien 27

1. Die ursprüngliche Normentheorie 27

2. Die modifizierte Normentheorie 28

III. Eigene Ansicht 29

Zweites Kapitel

Privatrechtliche und öffentlich-rechtliche Schranken der Vereins- und Verbandsautonomie im Sportverbandswesen

§ 4 Privatrechtliche Schranken der Vereins- und Verbandsautonomie ... 33

I. Problemstellung 33

II. Inhaltskontrolle von Vereins- und Verbandsnormen 34

§ 5 Öffentlich-rechtliche Schranken der Vereins- und Verbandsautonomie 37

I. Öffentlich-rechtliche Organisationsform 37

II. Die Grundrechte als Schranke der Vereins- und Verbandsautonomie 38

§ 6 Grundrechtsdrittwirkung im Privatrechtsverkehr 39

I. Die Grundrechte als bloße Abwehrrechte gegen den Staat 39

II. Die Lehre von der generellen unmittelbaren Drittwirkung der Grundrechte 40

III. Die Lehre von der mittelbaren Drittwirkung der Grundrechte 42

IV. Die Auffassung der Rechtsprechung zur Drittwirkung der Grundrechte 43

1. Die Rechtsprechung des Bundesarbeitsgerichts 43

2. Die Rechtsprechung des Bundesgerichtshofes 44

3. Die Rechtsprechung des Bundesverfassungsgerichts 45

V. Stellungnahme 46

§ 7 Die Grundrechtsdrittwirkung innerhalb von Vereinen und Verbänden 51

I. Problemstellung 51

II. Die Voraussetzungen einer Grundrechtsdrittwirkung in Vereinen und Verbänden 52

1. Die Parallelität von öffentlich-rechtlichem Gewaltverhältnis und vereinsrechtlichem Mitgliedschaftsverhältnis 52

2. Problem der grundrechtsgeschützten Eigenposition der Vereinigung 54

a) Art. 19 Abs. 3 GG 54

b) Art. 9 Abs. 1 GG 58

III. Stellungnahme 58

IV. Zusammenfassung 60

Drittes Kapitel

Die Aufnahmepflicht von Sportvereinen und -verbänden

§ 8 Grundproblematik und Entwicklung der Rechtsprechung zur Vereinsaufnahmepflicht 61

I. Problemstellung 61

II. Die Entwicklung der Rechtsprechung zum vereinsrechtlichen Aufnahmezwang 62

III. Bewertung der Rechtsprechung und Aufgabenstellung 65

§ 9 Anspruchsgrundlagen einer Aufnahmepflicht von Sportvereinen und -verbänden 65

I. Die Satzung 65

II. Der Kontrahierungszwang 66

1. § 27 GWB 67

a) Die Voraussetzungen des § 27 GWB 67

b) Anwendbarkeit des § 27 GWB im Bereich des Sportverbandswesens 69

2. § 826 BGB 71

§ 10 Das Gleichbehandlungsgebot als Grundlage der Vereinsaufnahmepflicht 74

I. Die Voraussetzungen einer Aufnahmepflicht der Vereinigungen aus dem Gleichbehandlungsgebot 74

II. Machtpositionen der Vereine im Bereich des Sports 77

III. Inhalt eines Vereinsaufnahmeanspruchs aus dem Gleichbehandlungsgebot 79

IV. Zusammenfassung 81

Viertes Kapitel

Das Vereinsstrafverfahren und der Vereinsausschluß im Bereich des Sports

§ 11 Das Vereinsstrafwesen 83

I. Die Thesen Flumes 84

II. Verfassungsrechtliche Bedenken 85

§ 12 Das Vereinsstrafverfahren und die Vereinsstrafnorm 87

I. Anforderungen an das Vereinsstrafverfahren 87

II. Die Vereinsstrafnorm 88

§ 13 Die gerichtliche Nachprüfbarkeit von Vereinsstrafen im Sportwesen 91

I. Problemstellung 91

II. Die Entwicklung der Rechtsprechung 92

III. Kritische Bewertung der Rechtsprechung 93

IV. Eigener differenzierter Lösungsvorschlag 97

Fünftes Kapitel

Die Ausübung von Verbandsgewalt im Bereich des Sports

§ 14 Organisation und Aufbau des Deutschen Fußball-Bundes 104

I. Der DFB als Dachverband 104

II. Die Organe des DFB 106

§ 15 Die Rechtsbeziehung zwischen dem Dachverband und den Vereinen .. 107

I. Grundlagen der Rechtsbeziehung 107

1. Die Amateurvereine 107

2. Die Lizenzspielervereine 108

II. Bewertung der Rechtsbeziehung zu den Lizenzspielervereinen ... 109

1. Die Bundesligavereine 110

a) Mitgliedschaftliche Beziehungen 110

b) Vertragliche Beziehungen 112

2. Die Vereine der 2. Fußball-Bundesliga 113

a) Inhalt des Lizenzvertrages ... 113
b) Vereinsrechtliche Beziehungen ... 114

III. Zusammenfassung ... 115

§ 16 Die Verbandsgewalt des DFB gegenüber den einzelnen Vereinsgruppen ... 115

I. Die Verbandsgewalt des DFB gegenüber den Mitgliedsvereinen .. 116

1. Die Vereinsstrafgewalt des DFB ... 116

2. Die Festsetzung von Vertragsstrafen gegenüber Vereinsmitgliedern ... 116

II. Die Verbandsgewalt des DFB gegenüber Nichtmitgliedern ... 120

1. Die Verbandsgewalt gegenüber mittelbaren Mitgliedern ... 121

2. Die Verbandsgewalt aufgrund von Überleitungs- und Vermittlungsbestimmungen ... 122

3. Die Verbandsgewalt aufgrund vertraglicher Vereinbarung ... 123

III. Verbandsgewalt des DFB über Amateurvereine und Vereine der 2. Fußball-Bundesliga ... 125

1. Die Amateurvereine ... 125

2. Die Vereine der 2. Fußball-Bundesliga ... 128

IV. Zusammenfassung ... 132

§ 17 Ergebnis der Untersuchung ... 132

Literaturverzeichnis ... 135

§ 1

Einleitung

Das Grundgesetz gewährleistet in Art. 9 Abs. 1 mit dem Recht, Vereine und Gesellschaften zu bilden, das Prinzip freier und sozialer Gruppenbildung[1].

Auf dieser Grundlage existieren allein im Bundesgebiet über 50 000 Sportvereine[2]. Neben den kleinen Korporationen mit lediglich lokaler Bedeutung haben sich in zunehmendem Maße auch im Bereich des Sports Vereine und Verbände mit einer erheblichen sozialen und teilweise auch wirtschaftlichen Machtposition entwickelt. Dafür ist insbesondere die Organisation des Fußballs in der Bundesrepublik Deutschland mit der mehrfach gestaffelten Verbandspyramide, an deren Spitze nationale und internationale Verbände stehen, ein typisches Beispiel[3].

Für den einzelnen Fußballer als auch für jeden Fußballverein besteht der faktische Zwang, sich der zuständigen Organisation im Deutschen Fußballbund anzuschließen[4]. Nur die Mitgliedschaft in diesem Verband erlaubt die Teilnahme an Meisterschaftsspielen und damit die Ausübung des Fußballsports. Für Freundschaftsspiele zwischen Nichtmitglieds-[5] und Mitgliedsvereinen der Verbände bedarf es sogar einer Sondergenehmigung des zuständigen Fußballverbandes[6]. Allein durch den Beitritt wird die Möglichkeit eröffnet, die vielfältigen und zahlreichen sonstigen Verbandsleistungen, die die Sportverbände aus eigenen Mitteln, aber auch aus Mitteln der öffentlichen Sportförderung für die ihnen angeschlossenen Mitglieder erbringen, in Anspruch zu nehmen.

Die Anerkennung eines Verbandes[7] als der für die Regelung eines bestimmten Lebensbereichs oder für die Erbringung bestimmter solcher

---

[1] BVerfGE 38, 281, 302.

[2] *Vieweg*, Jus 1983, S. 825 ff.

[3] Vgl. zum Aufbau des Deutschen Fußball-Bundes die Ausführungen unter § 14.

[4] So auch *Schlosser*, Vereins- und Verbandsgerichtsbarkeit, S. 27 ff.; *Schultze-v. Lasaulx* in: Soergel / Siebert, BGB vor § 21 Rdnr. 51 ff.

[5] Sog. Theken- und Betriebsmannschaften.

[6] Vgl. u. a. die §§ 11, 11 a DFB-Spielordnung.

[7] Synonym für den Begriff Verband werden die Begriffe Spitzenverein, Spitzenverband, Spitzenorganisation, Zentralverein, Zentralverband und Dachverband gebraucht; die folgenden Ausführungen beschränken sich auf die Begriffe Spitzenverein, Dachverband und schlicht Verband.

Leistungen zuständigen Organisation führt faktisch zu einer monopolartigen Stellung der betreffenden Vereinigung, wobei die Anerkennung sowohl durch die betroffenen Mitglieder als auch von außen durch staatliche oder nichtstaatliche, nationale oder internationale Stellen erfolgen kann[8].

Über den Kreis der unmittelbar erfaßten Mitglieder hinaus entfalten bei solch monopolartigen Vereinigungen die im Wege der Selbstordnung gesetzten Verbandsnormen häufig auch eine tatsächliche Bindungswirkung gegenüber Dritten. So können sog. Nichtmitglieder, wollen sie sich in dem vom betreffenden Verband beherrschten Bereich betätigen, gezwungen sein, sich durch entsprechenden Vertrag der Verbandsgewalt und insbesondere auch den Regeln des Verbandes ganz oder teilweise zu unterwerfen. Eine Möglichkeit, im Wege der innerverbandlichen Willensbildung auf die Ausgestaltung der Ordnung einzuwirken, erhalten sie jedoch meist nicht. Bekanntestes Beispiel hierfür sind die Berufsfußballspieler, die sich als Nichtmitglieder vertraglich der Vereinsgewalt des DFB unterwerfen müssen, um überhaupt ihren Beruf ausüben zu können[9].

Zur inhaltlichen Ausgestaltung der durch Art. 9 Abs. 1 GG garantierten Vereinsfreiheit hat das Bundesverfassungsgericht im Mitbestimmungsurteil[10] vom 1. März 1979 wie folgt ausgeführt:

> „Der Schutz des Grundrechts umfaßt sowohl für die Mitglieder als auch für die Vereinigung die Selbstbestimmung über die eigene Organisation, das Verfahren ihrer Willensbildung und die Führung ihrer Geschäfte ... Allerdings kann das nicht bedeuten, daß jede staatliche Regelung der Organisation und Willensbildung von Vereinigungen durch Art. 9 Abs. 1 GG ausgeschlossen ist. Vereinigungsfreiheit ist in mehr oder minder großem Umfang auf Regelungen angewiesen, welche die freien Zusammenschlüsse und ihr Leben in die allgemeine Rechtsordnung einfügen, die Sicherheit des Rechtsverkehrs gewährleisten, die Rechte der Mitglieder sichern und den schutzbedürftigen Belangen Dritter oder auch öffentlicher Interessen Rechnung tragen."

Die für die Gestaltung des Vereinswesens wesentlichen Regelungen finden sich im Bürgerlichen Gesetzbuch. Das in den §§ 21 ff. BGB normierte Vereinsrecht stellt jedoch nur eine dürftige[11] und mit wenigen Ausnahmen auch nur dispositive Regelung[12] dar. Das Vereinsmodell des BGB geht dabei von einem kleinen, vorwiegend geselligen Verein

---

[8] *Nicklisch*, Inhaltskontrolle, S. 42.

[9] Zur Zulässigkeit eines solchen Vertrages vgl. insbes. *Lukes* in: Festschrift Westermann, S. 325 ff.

[10] BVerfGE 50, 290, 354.

[11] Zu den Gründen der „Dürftigkeit" vgl. *Ballerstedt* in: Festschrift Knur, S. 1 ff., 14 f.

[12] *Nicklisch*, Inhaltskontrolle von Verbandsnormen, S. 18; *Wiedemann*, Gesellschaftsrecht, Bd. 1, § 2 II 1, S. 113.

mit freiwilliger Mitgliedschaft und allenfalls lokaler Bedeutung aus[13]. Dies kommt auch in verschiedenen Bestimmungen des Vereinsrechts zum Ausdruck. Die Vereinsrechtssetzung und die Entscheidung über andere wichtige Vereinsbelange obliegt der Beschlußfassung der Mitgliederversammlung; die Vereinsmitglieder sollen selbst über die Angelegenheiten des Vereins entscheiden. Bei der Änderung des Vereinszwecks ist sogar die Zustimmung aller Mitglieder erforderlich[14].

Da aber auch bei kleineren Vereinen Entscheidungen grundsätzlich nur nach dem Mehrheitsprinzip getroffen werden, sichert § 39 Abs. 1 BGB — danach sind die Mitglieder zum Austritt aus dem Verein berechtigt — als Korrelat die Freiwilligkeit der Mitgliedschaft. Bei Nichtbilligung einer Vereinsentscheidung steht es dem einzelnen Mitglied grundsätzlich frei, den Verein zu verlassen und sich einem anderen Verein anzuschließen. Dieser Selbstregulierungsmechanismus, auf dem die Gewährung der Vereinsautonomie gerade beruht, funktioninert auch heute in der Mehrzahl der Vereine.

Haben Verbände und Großvereine aber eine monopolartige Stellung inne, so ist dieser vom Gesetzgeber vorgesehene Selbstregulierungsmechanismus des Vereinswesens im wesentlichen aufgehoben. In zahlreichen Fällen nehmen die in der Rechtsform des Vereinsrechts gebildeten Vereinigungen Funktionen wahr und haben damit zusammenhängende Machtpositionen erlangt, die sich von dem Leitmodell des kleinen, unbedeutenden, vorwiegend geselligen Vereins mit freiwilliger Mitgliedschaft weit entfernt haben[15].

Bei diesen Vereinigungen reduziert sich die Freiheit des Einzelnen auf die Möglichkeit, sich dem Verband anzuschließen und diesem dann, unabhängig davon, in welcher Weise er von seiner Normsetzungsmacht Gebrauch macht, anzugehören oder aber gänzlich auf die Betätigung in dem vom Verband beherrschten Lebensbereich zu verzichten[16]. Letzteres kann angesichts der wirtschaftlichen bzw. sozialen Bedeutung auch im Bereich des Sportwesens unzumutbar sein. Damit verlieren Eintritt und Austritt aber ihre ursprüngliche Kontrollfunktion[17].

---

[13] Vgl. hierzu *Teubner*, Organisationsdemokratie, S. 21 ff.; *Nicklisch* in: Verbandsautonomie und Verfassungsrecht, S. 6; *Lessmann*, Wirtschaftsverbände, S. 5; *Kübler*, Die Verbände in der Demokratie und ihre Regelungsprobleme, Verhandl. 52. DJT Bd. II, Teil P, S. 7; *ders.*, Gesellschaftsrecht § 33 I, S. 393 jeweils mit w. N.

[14] § 33 Abs. 1 S. 2 BGB.

[15] *Nicklisch*, Inhaltskontrolle, S. 11; hierzu auch *Teubner*, Organisationsdemokratie, S. 21 ff.; *Kübler*, Gesellschaftsrecht § 33 I, S. 393 m. w. N.

[16] *Teubner*, Regelungsprobleme der Verbände, JZ 1978, 545 ff.; *Kübler*, Gesellschaftsrecht § 33 III 1, S. 400; *Nicklisch*, Inhaltskontrolle, S. 43; zuletzt auch BGH NW 1984, 918.

[17] *Teubner*, Organisationsdemokratie, S. 61, 262; *Nicklisch*, Inhaltskontrolle, S. 43.

Mit der Größe der Organisation und mit dem Abstand der Organisationsspitze zum einzelnen Mitglied erhöht sich darüber hinaus die Gefahr, daß sich die Interessen des Verbandes verselbständigen. Dies kann Interessengegensätze mit einzelnen Mitgliedsgruppen zur Folge haben. Mit dem Umfang der Mitgliederzahl und insbesondere bei einem mehrstufigen Verbandsaufbau nimmt zudem das Gewicht des einzelnen Mitglieds an der Verbandswillensbildung ab. Auch wenn theoretisch nach wie vor eine durch das Mehrheitsprinzip begrenzte Mitwirkung der Mitglieder an der Verbandsrechtssetzung und Verbandsselbstverwaltung besteht, so ist diese doch faktisch nicht unerheblich eingeschränkt. Die Korporationen entwickeln Eigengesetzlichkeiten und unterliegen somit nur noch begrenzt einer Kontrollmöglichkeit der Mitglieder.

Dieses Außerkrafttreten des vom Gesetzgeber in den §§ 21 ff. BGB vorgesehenen Selbstregulierungsmechanismusses hat zwangsläufig zur Forderung nach vermehrtem Schutz des einzelnen Mitglieds gegenüber der Verbandsgewalt geführt. Da die Väter des BGB die Entwicklung des Vereinswesens und die damit verbundenen Probleme nicht in voller Tragweite erkannt haben, ist die Forderung[18] nach einem Verbandsgesetz erhoben worden; über dessen inhaltliche Ausgestaltung bestehen allerdings keine klaren Vorstellungen[19]. Bis aber ein solches Gesetz vielleicht einmal in Kraft tritt, muß anhand des geltenden Rechts ein Instrumentarium entwickelt werden, um „die Wiedereingliederung eines sozial mächtigen Subsystems in die allgemeine Rechtsordnung“[20] zu ermöglichen.

In der vorliegenden Arbeit soll untersucht werden, ob und inwieweit im Bereich des Sportvereins- und Sportverbandswesens die Kontrollmechanismen des geltenden Rechts zur Lösung der aufgezeigten Probleme geeignet erscheinen. Der zu begrenzende Umfang der Untersuchung gebietet es, sich auf typische, im Mittelpunkt des öffentlichen Interesses stehende Problemlagen zu beschränken. Neben Fragen des Vereinsaufnahmeanspruchs und der Vereinsgerichtsbarkeit sollen auch die Grenzen der Ausübung von Verbandsgewalt gegenüber Mitgliedern und Außenstehenden erörtert werden.

---

[18] Vgl. dazu auch *Nicklisch* in: Festschrift Schiedermair, S. 459 ff.; zu den Regelungsproblemen auch *Lessmann*, NJW 1978, 1545 ff.

[19] So *Coing* in: Festschrift Flume, Bd. I, S. 429, 431; zur Diskussion in den politischen Parteien siehe die Beiträge von *Böckenförde*, *Föhr* und *Rinken* auf dem 4. rechtspolitischen Kongreß der SPD in: Freiheit in der Sozialdemokratie, 1975; für die CDU vgl. *Annecke*, ZRP 1976, 20 f.; Entwurf eines Gesetzes zur Ordnung der Verbände, Kommission des Bundesvorstandes der F.D.P. „Gesellschaftliche Großorganisationen“, RdA 1977, 235 ff.; *Stern*, ZRP 1977, 17 mit einer Zusammenfassung der Stellungnahme der Enquête-Kommission Verfassungsreform des Deutschen Bundestages.

[20] So *Westermann*, Verbandsstrafgewalt, S. 11.

Für den letztgenannten Problemkreis bietet sich eine Erörterung am Beispiel der Rechtsbeziehung der im Deutschen Fußball-Bund organisierten Vereine zu ihrem Dachverband an, da sich dort die speziellen Fragen einer Kumulation von vereinsrechtlichen und vertragsrechtlichen Bindungen ergeben.

Die gesamte Untersuchung kann nur vor dem Hintergrund allgemeiner vereinsrechtlicher Dogmatik erfolgen. Da es aber insoweit keinen rechtlichen Grundkonsens gibt, muß zunächst die dogmatische Grundlage erörtert werden. Darauf aufbauend können sodann die Grenzen der Vereins- und Verbandsautonomie erörtert werden.

Erstes Kapitel

Grundprobleme der Vereinsautonomie von Sportverbänden

§ 2 Die Vereinsautonomie

I. Problemstellung

Eine Erörterung der Grenzen der den Vereinen zustehenden Autonomie erfordert vorab eine Klärung des Begriffs und des Ursprungs der Vereinsautonomie.

Dem Wortlaut nach stellt ‚Autonomie' eine Zusammensetzung der griechischen Worte αὐτός (= selbst) und νόμος (= Gesetz) dar, d. h. Befugnis und Fähigkeit, sich selbst Rechtsnormen zu geben[1]. So wird unter Autonomie im Bereich der Jurisprudenz das Recht eines Gemeinwesens verstanden, die eigenen Rechtsverhältnisse durch Schaffung objektiven Rechts zu regeln. In diesem Sinne kann daher von einer tatsächlichen Autonomie der Vereine nur dann gesprochen werden, wenn diese selbst objektives Recht durch Rechtsnormen schaffen, d. h. eine nomothetische Tätigkeit ausüben[2].

Handelt es sich aber nicht um eine solche originäre Autonomie, so ist unter ‚Vereinsautonomie' lediglich die ‚Privatautonomie der Vereine' zu verstehen. Die Grundlage findet sich dann in der durch Art. 9 Abs. 1 GG garantierten[3] und in den §§ 21 ff. BGB normierten Regelungs- und Organisationsbefugnis der Vereine. Danach handelt es sich bei der Vereinsautonomie lediglich um die im Rahmen der allgemeinen Privatautonomie den Vereinen durch das Satzungsgebungsrecht gewährte Selbstregulierungsbefugnis; die Begriffe Vereinsautonomie und Satzungsautonomie wären daher deckungsgleich.

Die Rechtsprechung gesteht den Vereinen heute mit einer großen Selbstverständlichkeit eine Autonomie zu; symptomatisch sind insoweit die Ausführungen des Bundesgerichtshofs[4]:

---

[1] *Gerber*, AcP 37 (1854), 35, 49; *Werner*, S. 136.

[2] *Meyer-Cording*, Vereinsstrafe, S. 43 f.

[3] BVerfGE 50, 290, 354.

[4] BGHZ 13, 5, 11.

„Dem Verein kommt eine selbständige Vereinsgewalt zu, die der Staat gelten läßt. Bei ihr unterwerfen sich die Mitglieder durch den Eintritt in den Verein der Vereinsgewalt, die im Bereich der Vereinssphäre Wirksamkeit entfaltet und somit grundsätzlich autonom ist."

Die Rechtsprechung sieht demnach ein ‚staatliches Geltenlassen', also eine Art anerkanntes Gewohnheitsrecht als Grundlage der Vereinsautonomie. Da aber konkrete Nachweise nicht erbracht werden, ist es erforderlich, die Geschichte des Vereinswesens unter dieser Fragestellung zu untersuchen.

II. Rechtshistorischer Überblick

In germanischer Zeit war grundsätzlich das Recht jedes Verbandes anerkannt, seine inneren Angelegenheiten beliebig zu ordnen[5]. Die einzige Schranke bildete das Recht übergeordneter Verbände, gegen das nicht verstoßen werden durfte. Mangels einer eindeutigen Unterscheidung zwischen objektivem und subjektivem Recht, d. h. also zwischen Rechtsnormen und Rechtsverhältnissen, konnten sich in dieser Zeit selbst rein subjektive Rechtsbeziehungen zu autonomen Regelungen[6] entwickeln.

Auch im Mittelalter blieb die Grenze zwischen Autonomie und Gesetzgebung unsicher. Zwar stand dem Papst in geistlichen und dem Kaiser in weltlichen Dingen die wahre Gesetzgebungsgewalt zu, doch entwickelte sich, da diese zentralen Regelungen nicht ausreichten, bald eine vielfältige Normsetzung durch Landesherren, Städte, Zünfte, Universitäten, Lehnsherren usw. Zunächst wurde diesen partikularen Gewalten nur eine von der „potestas leges ferendi" grundsätzlich verschiedene „potestas statuendi" zugestanden[7]. Erst allmählich setzte sich in der Jurisprudenz die Ansicht durch, daß neben den Gesetzen die Autonomie als Quelle objektiven Rechts bestehe[8]; damit entstand eine partikulare Gesetzgebung. So konnte sich die umfassende Lehre von der „statuta" entwickeln, die sich sowohl auf Land- und Stadtrechte aller Art, aber auch auf Formen genossenschaftlicher Satzungen bezog[9].

Einer insoweit entstandenen originären Autonomie suchte erst das neuere Staatswesen Schranken zu setzen. Die Landesherren erhoben mit der Entwicklung einer zentralen Staatsgewalt immer mehr den Anspruch auf eine sämtliche Lebensverhältnisse des Staatsbürgers re-

---

[5] *O. v. Gierke*, Deutsches Privatrecht, Bd. I § 19 II = S. 144; *Schober*, S. 26; *Meyer-Cording*, Vereinsstrafe, S. 41.

[6] *Meyer-Cording*, Vereinsstrafe, S. 41.

[7] *O. v. Gierke*, Deutsches Privatrecht, Bd. I § 19 II = S. 144.

[8] *Schober*, S. 26.

[9] *O. v. Gierke*, Genossenschaftsrecht III, S. 215, 385 ff., 456 ff.

gelnde Regierungsmacht[10]; dies mußte zum Versuch der Unterdrückung aller autonomen Verbände unter die wie auch immer geartete Staatsgewalt führen. Hielt man noch bis ins 18. Jahrhundert an der Ansicht fest, daß gemeinrechtlich jeder universitas ohne besondere Verleihung eine Satzungsgewalt zustehe und eine obrigkeitliche Bestätigung grundsätzlich nicht erforderlich sei, so siegte in der Jurisprudenz schließlich doch die Überzeugung, die dem Staat ein Rechtserzeugungsmonopol zuerkannte und sonst jede echte Autonomie verneinte. Der Obrigkeitsstaat suchte dann die Eigenständigkeit der Vereine einzuschränken und deren Tätigkeit in vollem Umfang unter staatliche Kontrolle zu setzen. Symptomatisch sind insoweit die Ausführungen von Lotz[11], der eine umfassende Staatskontrolle auf dem Gebiet des Vereinswesens befürwortet:

> „Selbst die unschuldigsten, selbst die ursprünglich nützlichsten Verbindungen können oft am Ende eine Tendenz erhalten, die für die Erhaltung des Staates äußerst gefährlich ist[11]."

Auch die politische Tendenz des Preußischen Allgemeinen Landrechts von 1794 stellte, obwohl auf eine Unterstützung der sozial niedrigeren Schichten angelegt, in erster Linie den Versuch einer ausführlichen Normierung der bestehenden staatlichen und gesellschaftlichen Ordnung dar[12]. Es kann daher nicht verwundern, daß das ALR auf dem Gebiet des Vereinsrechts zahlreiche polizeistaatliche Elemente[13] enthielt.

Grundsätzlich ging man nach § 2 II 6 ALR von einer Erlaubnisfreiheit der Vereine aus; tatsächlich bedurfte es aber einer staatlichen Genehmigung. Die nicht ausdrücklich genehmigten Vereine konnten nämlich jederzeit vom Staat wieder verboten werden[14], während die übrigen Vereine zumindest vor einer willkürlichen polizeilichen Auflösung geschützt waren. Die staatliche Genehmigung stellte jedoch nur eine öffentlich-rechtliche, polizeiliche Erlaubnis der Vereinstätigkeit dar[15]. Zur Teilnahme am Rechtsverkehr und zum Status einer juristischen Person bedurfte es nach § 25 II 6 ALR einer besonderen staatlichen Konzession, die im Ermessen der Behörde stand.

Darüber hinaus präzisierten zahlreiche Vorschriften im Teil II, Titel 6 des ALR das in § 13 II 13 ALR normierte Oberaufsichtsrecht des Staates über die Vereine. Dort heißt es:

---

[10] *Simon*, S. 6.
[11] *Lotz*, S. 128.
[12] *Thieme*, HRG I, Sp. 104 ff.; *Hattenhauer*, ALR, S. 30 ff.
[13] Simon, S. 14.
[14] Vgl. § 4 II 6 ALR.
[15] *Menger*, S. 45 f.; das private Rechtsverhältnis zwischen Verein und Mitglied wurde nicht berührt.

„Alle im Staat vorhandenen und entstandenen Gesellschaften sind der Aufsicht des Landesherrn ... unterworfen.“

So besaß denn auch der Staat nach dem ALR beispielsweise ein Mitwirkungsrecht bei Verfassungsänderungen[16], Aufsichtsrechte bei der Vereinsaufnahme, Bestrafung und Ausstoßung von Mitgliedern[17] sowie bei der Beschlußfassung[18].

Eine Vereinsfreiheit i. S. der freien Bildung von Vereinen und ihrer vor staatlichen Eingriffen unabhängigen Tätigkeit entstand erst seit dem Jahre 1848. In unmittelbarem Zusammenhang mit der liberalen Forderung nach Freiheit vom Staat setzte sich auch die Idee eines Verbandsliberalismus durch. Diese beanspruchte auch für die „menschliche Vereinigung“ selbst jene Unabhängigkeit von staatlicher Beeinflussung, wie sie zuvor für die Individuen gefordert[19] war. Als ein wesentliches Menschen- und Grundrecht des Liberalismus fand die Vereinsfreiheit schließlich Aufnahme in den Grundrechtskatalog der Paulskirchenverfassung:

Art. 31: „Die Deutschen haben das Recht, Vereine zu bilden. Dieses Recht soll durch keine vorbeugende Maßnahme beschränkt werden.“

In Folge übernahmen einzelne Landesverfassungen die Vereinsfreiheit als Grundrecht[20]. Damit unterlagen in der 2. Hälfte des 19. Jahrhunderts im wesentlichen nur noch die politischen Vereine staatlichen Beschränkungen. Die Einstellung des Staates zum Vereinswesen hatte sich damit grundlegend geändert; weder Gründung noch Betätigung des Vereins waren von einer polizeilichen Erlaubnis abhängig, vor allem aber fehlte jegliche staatliche Beeinflussung des inneren Vereinslebens. In dieser Phase wurde, quasi als Gegenbewegung zum Obrigkeitsstaat, erneut für eine originäre Vereinsautonomie plädiert[21].

Diese Versuche waren von dem Ziel bestimmt, die neu gewonnene Vereinsfreiheit vor jeglicher staatlicher Beeinflussung zu schützen und damit eine weitgehende Herrschaft der Korporationen zu stabilisieren.

---

[16] §§ 30 ff. ALR.

[17] §§ 42, 43, 45, 48 ALR.

[18] § 63 ALR.

[19] *Holzschuher*, S. 141 ff.; *Simon*, S. 27.

[20] Vgl. beispielsweise Art. 30 der Preußischen Verfassung vom 31. 1. 1850: Alle Deutschen haben das Recht, sich zu solchen Zwecken, welche den Strafgesetzen nicht zuwiderlaufen, in Gesellschaften zu vereinen.

Das Gesetz regelt, insbesondere zur Aufrechterhaltung der öffentlichen Sicherheit, die Ausübung des in diesem Artikel gewährleisteten Rechts.

Politische Vereinigungen können Beschränkungen und vorübergehenden Verboten im Wege der Gesetzgebung unterworfen werden.

Quelle: Verfassungsurkunde für den Preußischen Staat vom 31. Januar 1850 in: Pr Gs 1850, S. 277.

[21] So u. a. *O. v. Gierke*, Deutsches Privatrecht, Bd. I § 19 II = S. 248, S. 534 f.

Dieser Gedanke war auch ein tragendes Elemente in der Genossenschaftstheorie O. v. Gierkes[22].

Bei der Erörterung der körperschaftlichen Autonomie ging es stets um die Frage, wieviel Macht den Verbänden gegenüber dem Staat zukommen sollte. So suchte man beispielsweise das Problem einer gerichtlichen Nachprüfung von Vereinsstrafen schlicht durch die Gegenüberstellung von Staatsgewalt und Verbandsgewalt zu lösen. Dazu führt Hedemann[23] aus:

> „Es stoßen hier (scil. beim Problem der gerichtlichen Nachprüfung) zwei starke Gewalten aufeinander, die Autonomie der Vereine und die kontrollierende Macht des Staates. Von vornherein ist es klar, daß der Ausgleich zwischen diesen beiden Mächten sich je nach Zeitgeist und Volksgeist verschieden gestalten wird... Unsere heutige Zeit ist entschieden mehr geneigt, der Vereinsautonomie Zugeständnisse zu machen und dementsprechend die gerichtliche Kontrolle zurückzudrängen."

Sprach somit auch der ‚Zeitgeist' für eine möglichst weitgehende Autonomie der Vereine, so haben die Verfasser des BGB jedenfalls eine originäre Autonomie nicht uneingeschränkt akzeptiert. In den Motiven zum ersten Entwurf eines BGB heißt es wörtlich[24]:

> „Der Wille der Mitglieder macht sich geltend sowohl bei der Errichtung der Körperschaft als auch später, vorbehaltlich des staatlichen Aufsichts- und Bestätigungsrechtes, in den die ursprüngliche Verfassung innerhalb gewisser Grenzen ändernden Beschlüssen (vgl. § 48 Abs. 5, 6 E I). Die rechtliche Natur dieser Willensbetätigung wird verschieden beurteilt. Die Ansichten gehen besonders darüber auseinander, ob die betreffenden Satzungen die Eigenschaft von Rechtshandlungen bzw. Rechtsgeschäften oder von Rechtssätzen haben, ob ihre Schaffung nur Bestätigung einer der Körperschaft für den Kreis ihrer Angelegenheiten zustehenden sogenannten Privatautonomie oder ob sie ein rechtserzeugender Akt und als solcher Ausfluß wahrer, der Körperschaft begriffsmäßig zukommender Autonomie sei. Die Meinungsverschiedenheit hat ihren Grund zum Teil in dem Widerstreite der Vorstellungen über das Wesen der juristischen Person, zum Teil in einer Verschiedenheit der Ansichten über die Abgrenzung der Norm des Rechtssatzes von der Norm des Rechtsgeschäftes. Für den Entwurf liegt kein Anlaß vor, Stellung zu der Frage zu nehmen. Es genügt die Hervorhebung, daß die Körperschaften ihren Rechtskreis durch eigene Satzungen regeln können — eine Befugnis, die in der Beschaffenheit des Körperschaftszweckes ihre innere Begrenzung findet."

Das BGB ist damit nicht auf eine bestimmte theoretische Grundanschauung vom Wesen der Verbände festgelegt.

Der rechtshistorische Überblick kann daher mit der Feststellung abgeschlossen werden, daß der Umfang körperschaftlicher Autonomie immer unmittelbar mit der Macht des Staates und dessen Grundein-

---

[22] *O. v. Giereke*, Genossenschaftstheorie, S. 9, 10.

[23] *Hedemann*, ArchBürgR 38 (1913), 135.

[24] Prot. bei *Mugdan I.*, S. 403.

stellung zu den Vereinen verknüpft war. Für das ‚staatliche Geltenlassen' einer originären Vereinsautonomie fehlt es jedoch an Anhaltspunkten. Wie aber läßt sich dann die Auffassung der Rechtsprechung zur Autonomie erklären?

III. Die Entwicklung der Rechtsprechung zur Vereinsautonomie

Die erste grundlegende Entscheidung des Reichsgerichts[25] zum Vereinswesen nach Inkrafttreten des BGB muß überraschen, wenn man die soeben erörterten Motive des Gesetzgebers bedenkt. In diesem Urteil aus dem Jahre 1901 lehnt es das Reichsgericht mit einer ausführlichen Begründung ab, auf das Vorbringen des Klägers hin die Entscheidung inhaltlich nachzuprüfen. Dieser hatte das ihm vom Geselligkeitsverein „Großes Kolleg" vorgeworfene unwürdige Verhalten als tatsächlich nicht gegeben bestritten.

Die sachliche Überprüfung eines Vereinsbeschlusses enthalte einen unberechtigten Eingriff in die autonome Verfassung der Vereine. In bewußtem Gegensatz zum ALR erkenne das BGB in Anlehnung an die gemeinrechtliche Praxis[26] ein autonomes Recht der Vereine und damit eine Beschränkung der richterlichen Kontrolle in Vereinsangelegenheiten an[27].

Es fragt sich aber, worin dieser von der Rechtsprechung angenommene bewußte Gegensatz des BGB zum ALR liegt. Die Verfasser des BGB hatten sich doch gerade zur Frage der Vereinsautonomie nicht äußern wollen.

Die Antwort ergibt im wesentlichen aus der von den Richtern vorgenommenen Gleichsetzung von Aufsichtsrecht und gerichtlicher Kontrolle. Vor Inkrafttreten des BGB hatte allein das ALR die inneren Rechte der Korporation normiert. In den entscheidenden Bestimmungen zu Fragen des Vereinsausschlusses heißt es:

§ 43 ALR: „Die Korporation ist berechtigt, Mitglieder, welche diesem (scil. gemeinschaftlichen) Zweck vorsätzlich oder sonst beharrlich zuwider handeln, auszustoßen."

§ 44 II 6 ALR: „Sie kann diese Befugnis nur unter Aufsicht des Staates und nach vorgeschriebenen Gesetzen ausüben."

---

[25] RGZ 49, 150 ff.

[26] Zwar enthielt das Code civil keine Regelungen des Vereinsrechts, doch war dies nicht gleichbedeutend mit der Anerkennung einer vollkommenen Autonomie. So hatte zunächst noch das Reichsgericht (RGZ 29, 319) Satzungsbestimmungen wegen eines Verstoßes gegen den ordre public für unwirksam erklärt. Erst die spätere Rechtsprechung des Reichsgerichts ließ, dem Trend der Zeit folgend, nur eine beschränkte „Nachprüfung der Verwaltungsakte" des Vereins zu (vgl. RG JW 1900, 417); vgl. dazu auch *Staudinger / Coing*, BGB, vor §§ 21 - 54, Rdnr. 13.

[27] RGZ 49, 150, 154 f.

Das BGB sieht demgegenüber ein solches staatliches Aufsichtsrecht nicht vor; vielmehr wird in den §§ 21 ff. BGB das Selbstbestimmungsrecht der Vereine betont. Der Wegfall eines Aufsichtsrechts erschien der Rechtsprechung dann wohl gleichbedeutend mit der Anerkennung einer originären Vereinsautonomie, setzten die Richter doch Aufsichtsrecht des Staates und gerichtliche Kontrolle gleich. Ihre Einstellung fußte auf der ständigen Rechtsprechung des Preußischen Obertribunals, wie sie erstmals im Jahre 1841 in einem Urteil[28] zu einem Vereinsausschlußverfahren zum Ausdruck kam.

Das Gericht interpretierte die §§ 43, 44 II 6 ALR dahingehend, daß sie nicht nur das Verbot jedes willkürlichen Vereinsausschlusses beinhalten würden, sondern damit auch der Schutz des Staates hinsichtlich der Rechtmäßigkeit des Ausschlusses zugesichert sei. Wie aber sollte dann das staatliche Aufsichtsrecht ausgeübt werden? Es konnte sich entweder um die allgemeine Aufsicht der Polizeibehörden handeln, oder aber um eine Staatsaufsicht durch die Gerichte. Ausgehend von der Überlegung, daß sich die Rechtmäßigkeit eines Vereinsausschlusses nach dem „vertragsmäßigen Recht zwischen Gesellschaft und den einzelnen Mitgliedern“[29] richte, entschied sich das Gericht gegen einen Fall der allgemeinen Aufsicht der Landespolizeibehörde über die Korporation. Da es sich um einen Fall des Privatrechts handele, folge die Ausübung der Staatsaufsicht durch die Gerichte schon aus der ‚Natur der Sache‘. Diese Entscheidung war geprägt von einer starken Tendenz zum freien Vereinswesen, mit dem allenfalls eine gerichtliche Kontrolle, keinesfalls aber ein polizeistaatliches Eingriffsrecht vereinbar schien.

Verstanden sich somit die Richter ohne weiteres als einen Teil der staatlichen Gewalt[30], so gab ihnen das Fehlen einer dem § 44 II 6 ALR entsprechenden Regelung im BGB die Möglichkeit, ein nach ihrer Ansicht weiteres Stück Vereinsfreiheit zu schaffen. In diesem Sinne stellt auch Delius[31] fest:

> „Der Zug der Zeit scheint einer Stärkung der Vereinsselbständigkeit, der Befreiung von einer angeblichen Vormundschaft der Gerichte und des Kontrollrechts derselben günstig zu sein.“

Dabei wurde aber übersehen, daß es sich bei dem Kontrollrecht des Staates i. S. des ALR um eine polizeirechtliche Vorschrift handelte[32]. Mit Simon[33] kann man daher im Ergebnis feststellen, „daß ein direk-

[28] PrObTr 7, 126 ff.

[29] PrObTr 7, 126, 136.

[30] Dazu auch *Simon*, S. 100.

[31] *Delius*, VerwArch 22 (1914), 224.

[32] So auch *Menger*, S. 45 f.; vgl. auch oben § 2 II.

[33] *Simon*, S. 116.

ter Weg von der Vereinsfreiheit über die Vereinsautonomie zur Ablehnung einer vollständigen gerichtlichen Nachprüfung von Vereinsmaßnahmen geführt hat". Damit hat aber die Rechtsprechung unter dem Begriff ‚Vereinsautonomie' nicht die Befugnis verstanden, objektives Recht durch Rechtsnormen zu schaffen. Ihr ging es alleine darum, eine tragfähige Begründung für die eingeschränkte richterliche Nachprüfung der Vereinsbeschlüsse zu finden. Die Untauglichkeit dieser Begründung hat sogar das Reichsgericht[34] in einer vereinzelt gebliebenen Entscheidung im Jahre 1910 festgestellt:

> „Mit der Autonomie des Vereins hat die Ausschließung eines einzelnen Mitglieds überhaupt nichts zu tun. Will man den Begriff der Selbstgesetzgebung nicht sinnwidrig auf das ganze Gebaren des Vereins ausdehnen, so läßt sich darunter nur das Recht verstehen, sich seine Satzung und damit seine Verfassung ... selbst zu geben (§ 25 BGB). Dadurch aber, daß der Verein einem einzelnen Mitglied die Mitgliedschaft entzieht, handelt er ... nicht in Ausübung bestehender Rechte und vollführt alsdann einen Akt nicht der Autonomie, sondern der Vereinsverwaltung[34]."

Der historische Rückblick ist daher mit der Feststellung abzuschließen, daß es für die Anerkennung einer originären Vereinsautonomie durch den Staat keine Anhaltspunkte gibt. Die Verwendung des Autonomiebegriffs dient der Rechtsprechung vielmehr als Argument, um den Einfluß des Staates und der Gerichte auf das innere Vereinsleben einzuschränken[35].

IV. Zusammenfassung

Die Vereinsautonomie ist als Privatautonomie der Vereine zu verstehen[36]. Wie die Testierfreiheit eine Konkretisierung der Privatautonomie im Erbrecht, die Vertragsfreiheit die Konkretisierung der Privatautonomie im Vertragsbereich, so ist die Vereinsautonomie nichts anderes als die Konkretisierung der Privatautonomie im inneren Vereinsrecht. Ihre Grundlage findet sich in der durch die §§ 21 ff. BGB normierten Regelungs- und Organisationsbefugnis. Als Unterfall der Privatauto-

---

[34] RGZ 73, 190 f.

[35] *Staudinger / Coing*, Vorbem. zu §§ 21 - 54, Rdnr. 37, bezeichnet dieses ‚Geltenlassen' der Rechtsprechung daher auch als ‚Richterrecht'.

[36] Unstr. BayOblGZ 1977, 6, 10; *Flume* in: Festschrift Bötticher, S. 101 ff.; *Habscheid*, Sport und Recht (1972), S. 158, 159 f.; *Hadding* in: Festschrift Fischer, S. 196; *Jötten*, S. 64; *Larenz*, BGB AT § 9 II; *Meyer-Cording*, Vereinsstrafe, S. 49; *Nicklisch* in: Festschrift Schiedermair, S. 459, 469; *ders.*, Verbandsautonomie und Verfassungsrecht, S. 5; *Oertmann*, ArchfRPhil 7, 127, 132; *Steffen* in: RGRK, vor § 21, Rdnr. 32, § 25, Rdnr. 1; *Schlosser*, Verbandsgerichtsbarkeit, S. 42, 43; *ders.*, MDR 1967, 887; *Schultze-v. Lasaulx* in: Soergel, BGB, vor § 21, Rdnr. 44; *Staudinger / Coing*, Vorbem. zu §§ 21 - 54, Rdnrn. 30, 32, 38; *v. Stechow*, S. 29.

nomie ist die Vereinsautonomie als Verzicht des Gesetzgebers anzusehen, die Beziehungen des Vereins zu seinen Mitgliedern abschließend zu regeln. Gewährleistet wird diese innere Funktionsentfaltung der Vereinigung durch Art. 9 Abs. 1 GG[37]. Den Vereinen steht es frei, die ihnen insoweit gewährleistete Autonomie zur Gestaltung der inneren Ordnung zu nutzen. In diesem Sinne ist daher die Vereinsautonomie als das Recht zur Selbstgesetzgebung und zur Selbstverwaltung zu verstehen[38]. Dieses Selbstregulierungsrecht ist im folgenden näher zu untersuchen.

§ 3 Die Rechtsnatur der Vereinssatzung

Nach § 25 BGB muß jeder Verein ohne Rücksicht auf Größe und Rechtsfähigkeit eine Satzung besitzen. Durch diese auch als Vereinsverfassung bezeichnete Satzung regeln die Vereine die inneren Verhältnisse ihrer Gemeinschaft und üben Vereinsautonomie aus.

Über die Rechtsnatur der Vereinssatzung besteht seit mehr als 100 Jahren Unklarheit, behandelte doch schon Gerber[1] im Jahre 1854 dieses Problem. Nachdem die ‚Väter des BGB' bewußt keine Stellung zu dieser Frage nehmen wollten[2], wird der Meinungsstreit bis in die Gegenwart intensiv fortgeführt[3]. Die unterschiedlichen Ansichten zeigen sich schon bei der Frage der Rechtsnatur des Gründungsaktes, setzen sich über das Problem der Mehrheitsentscheidung im Vereinswesen fort und führen schließlich erneut zu Fragen um den Begriff der Vereinsautonomie[4]. Hier kann daher kein auch nur annähernd vollständiger Überblick über Entwicklung und Stand der Diskussion angestrebt werden[5]. Ziel ist es vielmehr, eine Grundlage für die nachfolgenden Erörterungen zu schaffen.

---

[37] BVerfGE 50, 299 ff. — Mitbestimmungsurteil.

[38] So auch *Kaufmann*, Vereinsautonomie und Verfassung, S. 198, 199.

[1] *Gerber*, AcP 37 (1854), 35 ff.

[2] Vgl. dazu das Zitat aus *Mugdan* I, S. 403, oben § 2 II.

[3] *Hadding* in: Festschrift Fischer, S. 165.

[4] *Ernst*, S. 6 sieht einen unmittelbaren Zusammenhang zwischen Rechtsnatur der Satzung und Vereinsautonomie, dagegen zu Recht *Schlosser*, Vereinsgerichtsbarkeit, S. 43; *ders.*, MDR 1967, 884, 887; *Teubner*, Organisationsdemokratie, S. 318; *Weiland*, S. 26.

[5] Zum Stand der Diskussion vgl. zuletzt einerseits *Hadding* in: Festschrift Fischer, S. 165, als Vertreter der Vertragstheorie, sowie *Reuter* in: Münchner Kommentar § 25 Rdnrn. 6 ff. als Vertreter der Gegenposition.

I. Die Vertragstheorie

Die vorwiegend in der Literatur[6] vertretene Vertragstheorie geht zurück auf die von A. v. Tuhr[7] vertretene „rechtsgeschäftliche Auffassung zur Begründung des Vereins“[8]. Die Satzung des Vereins ist nach dieser Ansicht vor der Gründung „nichts anderes als eine rechtsgeschäftliche Vereinbarung der Gründer“, danach „lediglich Ausfluß der den Vereinsmitgliedern zustehenden Befugnis körperschaftlicher Gestaltung ihrer Vereinigung, ohne dadurch objektives Recht zu werden“[9]. Die Vereinbarung wird also mit Gründung des Vereins zur Verfassung derselben, ohne dabei ihren rechtlichen Charakter zu verändern; sie bleibt eine vertragliche Vereinbarung, der sich später beitretende Mitglieder ihrerseits vertraglich unterwerfen. Mehrheitsbeschlüsse der Mitgliederversammlung nach den §§ 32, 33 BGB sind danach Rechtsgeschäfte eigener Art. Soweit der Verein sich „normativ“ betätigt[10], verläßt er nicht den rechtsgeschäftlichen Rahmen, sondern übt das in der Natur der Vereinsverfassung vertraglich eingeräumte Gestaltungsrecht aus, §§ 315 ff. BGB. Dieses Gestaltungsrecht erfährt gerade „seine Legitimation aus der rechtsgeschäftlichen Unterwerfung der Mitglieder unter die Satzung“[11].

II. Die Normentheorien

1. *Die ursprüngliche Normentheorie*

Die Anhänger[12] der ursprünglichen Normentheorie leugneten den rechtsgeschäftlichen Charakter der Vereinssatzung. Sie sahen in der Gründung des Vereins und somit auch in der Feststellung der Satzung einen „schöpferischen Gesamtakt“, durch den die Vereinsgründer kraft einer originären, nicht vom Staat abgeleiteten Autonomie sich selbst Recht setzten[13].

---

[6] Vgl. insbes. *v. Tuhr*, BGB-Allg. Teil, Bd. 1, §§ 34 I, 35 III; *Bötticher*, ZfA 1970, S. 3, 44 ff.; *Flume* in: Festschrift Bötticher, S. 101, 115 ff.; *Planck / Knoke*, § 25, Anm. 1; *Müller-Erzbach*, S. 147 ff.; *Bauernfeind*, S. 58 ff.; *Enneccerus / Nipperdey*, BGB - Allg. Teil, § 108 II; *Thiele*, Lehre v. Rechtsgeschäft, S. 121 ff.

[7] *v. Tuhr*, BGB - Allg. Teil, Bd. 1, §§ 34 I, 35 III.

[8] So *Hadding* in: Festschrift Fischer, S. 186.

[9] *Enneccerus / Nipperdey*, BGB - Allg. Teil, § 108 II.

[10] *Schultze-v. Lasaulx* in: Soergel / Siebert, BGB, § 25 Rdnr. 13.

[11] *Bötticher*, ZfA 1970, S. 3, 45.

[12] *O. v. Gierke*, Deutsches Privatrecht, § 19 III 5; *Oertmann*, ArchRWiPhil 7 (1913/14), S. 127 ff., 141; *Hedemann*, Arch. f. bürg. R. 38 (1913), S. 132 ff.; *Leist*, Untersuchungen z. inneren Vereinsrecht, S. 200; *Lehmann*, Gesellschaftsrecht, § 4 II; *Lehmann / Hübner*, BGB AT § 61 III.

[13] Vgl. zu dieser Theorie auch die Ausführungen von *Schultze-v. Lasaulx*, a.a.O. (Fn. 10), § 25, Rdnr. 11.

Unter Geltung des Grundgesetzes kann diese Theorie einer staatsfreien originären Autonomie aber nicht mehr aufrechterhalten werden[14], denn allein der Staat kann eine solche Autonomie gewähren[15].

2. *Die modifizierte Normentheorie*

Die modifizierte Normentheorie[16] sieht die Vereinssatzung als Sammlung von Rechtsnormen an, die von Privatpersonen im Rahmen des Privatrechts gesetzt werden. Im Gegensatz zur ursprünglichen Normentheorie handelt es sich danach nicht um eine mit der staatlichen Rechtssetzungsgewalt konkurrierende originäre Vereinsgewalt; nach dieser Ansicht ist in der Satzung lediglich eine Teilrechtsordnung zu sehen, die den vom Staat gesetzten Grenzen unterliegt. Durch seinen freiwilligen Beitritt unterwirft sich das einzelne Mitglied der Sonderrechtsordnung. Der insoweit erforderliche rechtsgeschäftliche Akt soll klarstellen, daß es sich bei der Satzung nur um „akzeptierte Rechtsnormen“[17] und nicht um „oktroyierte Gesetzesnormen“[18] handelt. Nach dieser Ansicht ist die Satzung nur ‚normartig‘[19].

Die Rechtsprechung vertritt ohne eine echte Auseinandersetzung mit den verschiedenen Theorien zumindest vom Tage der Entstehung des Vereins ab im wesentlichen die modifizierte Normentheorie. Der BGH[20] bezeichnet die Vereinbarung der Gründer als Vertrag; der Verein erlange aber mit seinem Entstehen ein rechtliches Eigenleben und löse sich völlig von den Personen seiner Gründer. Die Satzung würde zur „körperschaftlichen Verfassung“[21]. Wörtlich führt der BGH[22] aus:

> „Diese Satzung ist zwar zunächst ein von den Gründern geschlossener Vertrag, auf den die Regelung des § 139 BGB paßt. Mit der Erstreckung löst sie sich aber völlig von deren Person. Sie erlangt ein unabhängiges rechtliches Eigenleben, wird zur körperschaftlichen Verfassung des Vereins und objektiviert fortan das rechtliche Wollen des Vereins als der Zusammenfassung seiner Mitglieder. Gründerwille und Gründerinteressen

---

[14] Dazu auch *Flume* in: Festschrift Bötticher, S. 101, 115 f.

[15] Siehe dazu auch die Ausführungen oben § 2 II, in denen der Nachweis erbracht wurde, daß es keine Anhaltspunkte für eine ursprüngliche originäre Vereinsautonomie bzw. das Geltenlassen einer solchen gibt.

[16] Diese Theorie wird im wesentlichen vertreten von *Meyer-Cording*, Vereinsstrafe, S. 43 ff.; *Larenz*, BGB Allg. Teil, §§ 1 I c, 10 I a 2; *ders.* in: Gedächtnisschrift Dietz, S. 45, 49; *Erman / Westermann*, BGB, § 25 Rdnr. 2; *Lehmann / Hübner*, BGB AT § 61 III 1 e.

[17] So *Schultze-v. Lasaulx* in: Soergel / Siebert, BGB, § 25 Rdnr. 14.

[18] *Meyer-Cording*, Vereinsstrafe, S. 43, 46 ff.; *ders.*, Rechtsnormen, S. 70, 74, 83.

[19] So *Larenz*, BGB Allg. Teil, § 10 I a 2.

[20] BGHZ 21, 320, 374; 47, 172, 179 f.

[21] BGHZ 47, 172, 179 f.

[22] BGHZ ebd.

treten zurück; an ihrer Stelle gewinnen der Vereinszweck und die Mitgliederinteressen die rechtsgestaltende Kraft, auf die es allein noch ankommen kann."

Nach der Ansicht der Rechtsprechung wandelt sich die Satzung vom Vertrag zur Norm.

III. Eigene Ansicht

Vor einer Erörterung der Theorien zur Rechtsnatur der Satzung stellt sich zunächst eine Frage: Ist durch die Feststellung, daß es sich bei der Vereinsautonomie nicht um eine originäre Autonomie handelt schon die Entscheidung zwischen der modifizierten Normen- und der Vertragstheorie zugunsten der letzteren antizipiert?

Im Rahmen der Privatautonomie erscheint es aber durchaus denkbar, daß man sich, soweit die Gesetze dem nicht entgegenstehen, auch der Normsetzungsbefugnis eines Dritten unterwerfen kann[23]. Ein Blick auf die Diskussion im amerikanischen Recht[24] zeigt darüber hinaus, daß Normentheorie und originäre Vereinsautonomie nicht zwingend zueinander gehören. Dort stehen sich ebenfalls eine Art Vertragstheorie — contractual theory — und eine Normentheorie — governmental model — gegenüber. Verblüffend ist aber, daß die aus den jeweiligen Theorien gezogenen Schlußfolgerungen gegenüber der Diskussion in Deutschland genau vertauscht sind. Die Anhänger der ‚contractual theory' sehen in der einseitigen Unterwerfungserklärung des Mitglieds auch den Verzicht auf gewisse Rechte und plädieren daher für eine weitgehende Autonomie der Vereine bei nur gerichtlicher Kontrolle.

„To say that courts may exercise the power of interpretation and administration would plainly subvert their contractual rights to exercise the power of interpretation and administration[25]."

Demgegenüber argumentieren die Verfechter der Normentheorie dafür, daß die Verbandssatzung als objektives Recht anzusehen ist. Als Korrelat zu der dadurch entstehenden privaten Macht sei daher im Rechtsstaat ‚Due process und umfassender Gerichtsschutz'[26] erforderlich.

Schon diese Ausführungen zum amerikanischen Recht zeigen, daß eine Entscheidung zwischen den Satzungstheorien nicht unmittelbar

[23] So auch *Weiland*, S. 26; im Ergebnis ebenso *Steffen* in: RGRK, BGB vor § 21 Rdnr. 32; vgl. zur Unterwerfung eines Nichtmitgliedes unter die Vereinsstrafgewalt auch die Ausführungen unten § 16 II.

[24] Dazu *Teubner*, Organisationsdemokratie, S. 319 ff. m. w. N.

[25] *Teubner*, S. 319 unter Hinweis auf die Praxis der amerikanischen Gerichte.

[26] *Teubner*, ebd.

vom Verständnis der Vereinsautonomie abhängig ist. Darüber hinaus lassen sie aber auch die Feststellung zu, daß der Umfang einer gerichtlichen Kontrolle der Vereinsmaßnahmen nicht von einer Entscheidung zwischen den Satzungstheorien bestimmt wird[27]. Dieser Gesichtspunkt scheint aber häufig die Entscheidung zwischen den verschiedenen Satzungstheorien unausgesprochen bestimmt zu haben, je nachdem, ob man sich für mehr oder weniger gerichtliche Kontrolle aussprechen wollte.

Unstreitig liegen die ‚Stärken' der Vertragstheorie im ‚Geltungsgrund'[28]; nicht zu bezweifeln ist, daß der Gründungsvertrag, bezeichnet man ihn nun als Organisationsvertrag oder als „Vertrag besonderer Art"[29], im privatrechtlichen Bereich anzusiedeln ist. Die „Schwächen" der Vertragstheorie sind demgegenüber zugleich die „Stärken" der beiden Normentheorien, da nur diese die Verselbständigung der Satzung zur Sicherstellung der inneren Ordnung des Vereins erklären können. Überzeugende Lösungen für die speziellen Anforderungen des Vereins lassen sich allein aus der normartigen Funktion der Satzungsregelungen finden. Die Satzung bildet das wesentliche Element zur Machtgestaltung innerhalb des Vereins. Sie ist Ausdruck der Vereinsmacht, an der das Mitglied teilhat und ihr gleichzeitig unterworfen ist[30]. Bei der Vereinssatzung handelt es sich gerade nicht wie bei vertraglichen Beziehungen um die Regelung eines konkreten Sachverhalts zum Interessenausgleich einzelner Personen oder Gruppen, sondern vielmehr um eine generell und abstrakt gefaßte verbindliche Regelung. Dieser haben sich beitretende Mitglieder zu unterwerfen. Das Mitglied ist an der Willensbildung des Vereins beteiligt und insoweit auch an Vorschriften gebunden, die es selbst gebilligt hat.

Von jedem einzelnen Mitglied wird die Befolgung aller mehrheitlich gefaßten Beschlüsse verlangt, auch wenn diese nicht der eigenen Willensentscheidung entsprechen, ihr sogar zuwider laufen können. Daher wird beim Verein die Ebene der Koordination, auf der sich die Vertragspartner bewegen, verlassen. Die Beziehung trägt eher die „Züge eines Subordinationsverhältnisses"[31].

Im Gegensatz zum typischen Vertragsabschluß geht es innerhalb des Vereins nicht um den Interessenausgleich einzelner Personen, die lediglich zur Regelung konkreter Einzelfälle in Beziehung treten. Es werden vielmehr für das Leben der Gruppe soziale Regeln aufgestellt, die, da ein Verein regelmäßig auf Dauer angelegt ist, als „Rechtsordnung"

---

[27] Zum Umfang der gerichtlichen Nachprüfung von Vereinsstrafen vgl. *Baecker*, NJW 1984, S. 906 f. sowie die Ausführungen unten § 13.

[28] *Schultze-v. Lasaulx* in: Soergel / Siebert, BGB, § 25 Rdnr. 15.

[29] *Schultze-v. Lasaulx* in: Soergel / Siebert, BGB, § 25 Rdnr. 10.

[30] *Müller-Erzbach*, S. 47.

[31] *Ernst*, S. 14.

auch für künftige Mitglieder Geltung beanspruchen sollen. Nicht übersehen werden darf dabei, daß es sich bei einem Mitgliedschaftsverhältnis nicht um den Austausch rechtsgeschäftlich vereinbarter Leistungen und Forderungen handelt, sondern demgegenüber das „Miteinander" im Vordergrund steht. Den in der Vereinssatzung zum Ausdruck kommenden sozialen Bindungen liegen Momente der Abstraktheit inne. Sie stehen daher dem Wesen einer Rechtsnorm, also einer abstrakt generellen Anordnung, sehr viel näher als einer vertraglichen Regelung. Der Verein stellt sich als geschlossene soziale Gruppe dar, die neben der Förderung der Vereinszwecke ihren Selbsterhalt zum Anliegen hat[32].

Auch der Hinweis von Anhängern der Vertragstheorie[33], die neuere Rechtsprechung zu sog. ‚Publikumsgesellschaften' eröffne auch weitgehend die Möglichkeit zu Mehrheitsentscheidungen im Gesellschaftsbereich[34], vermag nicht zu überzeugen. Für Änderungen des Gesellschaftsvertrages durch Mehrheitsbeschluß bei Personalgesellschaften fordert die Rechtsprechung grundsätzlich, daß die in Betracht kommenden Änderungen schon im ursprünglichen Gesellschaftsvertrag genannt sind[35]. Wenn der Bundesgerichtshof[36] jetzt bei Publikumspersonalgesellschaften auf dieses Erfordernis verzichtet, so soll dadurch allein den Besonderheiten dieser Massengesellschaften Rechnung getragen werden. Aus den Urteilsgründen ergibt sich eindeutig, daß die Rechte des einzelnen Gesellschafters immer gebührend zu berücksichtigen sind. Aus dieser speziellen Rechtsprechung lassen sich aber keine Schlußfolgerungen für den Meinungsstreit über die Rechtsnatur der Satzung ziehen.

Auch der Versuch Böttichers[37], für die Vertragstheorie die Problematik der Mehrheitsherrschaft im Vereinswesen durch einen Rückgriff auf § 317 BGB zu lösen, überzeugt nicht. Bötticher ist der Ansicht, Dritter i. S. des § 317 BGB sei die Mehrheit der Mitgliederversammlung, deren Entscheidung sich die Mitglieder unterwerfen. Diese Konstruktion erscheint aber nicht unproblematisch, bilden doch die Vereinsmitglieder selbst die Mitgliederversammlung. Von einem ‚selbständigen Dritten' i. S. des § 317 BGB kann bei der Herrschaft der Mehrheit über die Minderheit nicht gesprochen werden. Nur bei der Übertragung der Entscheidung auf ein unabhängiges Schiedsgericht könnte die Anwendung

---

[32] *Meyer-Cording,* Vereinsstrafe, S. 45; *ders.,* JZ 1959, 649 f.; *Ernst,* S. 16; *Reiss,* S. 15; *Weiland,* S. 14; *Steffen* in: RGRK vor § 21 Rdnr. 32; *Schultze-v. Lasaulx* in: Soergel / Siebert, BGB, § 25 Rdnr. 15; *Mayntz,* S. 46 ff., 49 mit soziologischer Begründung.

[33] So *Hadding* in: Festschrift Fischer, S. 165 ff., 191.

[34] Zum Problem vgl. *Schneider,* Die Aktiengesellschaft 1979, S. 57 ff.

[35] Bestimmtheitsgrundsatz; vgl. dazu auch *Schneider,* ZGR 1972, S. 357, 371 ff. m. Nachweisen aus der Rspr.

[36] BGHZ 71, 53.

[37] *Bötticher,* Gestaltungsrecht, S. 28 ff.

des § 317 BGB in Betracht kommen[38]. Es erscheint zudem überflüssig, die vom Gesetzgeber hinsichtlich der Zulässigkeit von Mehrheitsentscheidungen in den §§ 32, 33 BGB für den Vereinsbereich getroffene Entscheidung durch andere Vorschriften zu erklären. Diesen Versuch unternimmt aber Bötticher[39].

Schließlich widerspricht diese Ansicht auch den soziologischen Gegebenheiten und der Rechtswirklichkeit. Es ist mit der Funktionsfähigkeit der überindividuellen Organisationsform der Vereine nicht in Einklang zu bringen, wenn die Mehrheitsherrschaft des Vereins und seine Satzungsgewalt lediglich „aus einem Bündel konkreter Einzelermächtigungen der jeweiligen Mitglieder im Rahmen einer vom Grundsatz der Gleichberechtigung gekennzeichneten Vertragsbeziehung“[40] besteht. Dies unterstellt aber Bötticher[41], wenn er grundsätzlich in der „normativen“ Betätigung des Vereins die Ausübung der vertraglich vereinbarten Leistungsbereitschaft seitens eines Dritten i. S. des § 317 BGB sieht. Folgt man Bötticher[42], so käme es für die Wirksamkeit der Vereinsakte immer auf die jeweils übertragenen Einzelbefugnisse an.

Im Ergebnis ist festzustellen, daß die Versuche der Anhänger der Vertragstheorie die Rechtswirklichkeit im Vereinswesen zu erklären, zu dogmatisch vertretbaren, aber doch gekünstelten Ergebnissen führen. Will man den Vertragsbegriff materiell nicht völlig entleeren, so kann dieser nicht auf derartige heterogene Erscheinungen wie das Vereinswesen bezogen werden. Nur unter Zugrundelegung einer normartigen Funktion der Satzungsregeln lassen sich sachgerechte Lösungen rechtfertigen. Durch den Gründungsvertrag wird im Privatrechtsbereich ein Rechtssetzungsakt vollzogen, dessen Geltung als ‚Rechtsnorm‘ für das einzelne Mitglied durch die ausdrückliche Anerkennung eintritt. Diese Anerkennung erfolgt für alle Mitglieder allein durch den Beitritt, den ja auch die Gründer ausdrücklich erklären[43].

Den soziologischen Gegebenheiten sowie dem Rechtsbewußtsein der im Vereinswesen tätigen Personen wird nur die modifizierte Normentheorie gerecht, die die Satzung als einen von der vertraglichen Regelung abzugrenzenden selbständigen normartigen Regelungskomplex ansieht.

---

[38] So im Ergebnis auch *Meyer-Cording*, Die Vereinsstrafe, S. 113 (Fn. 38).

[39] *Bötticher*, Gestaltungsrecht, S. 28 ff.

[40] *Vollmer*, Schiedsklauseln, S. 21.

[41] *Bötticher*, ZfA 1970, S. 3, 28.

[42] Ebd.

[43] *Schultze-v. Lasaulx* in: Soergel / Siebert, BGB, § 25 Rdnr. 15 weist mit Recht darauf hin, daß die Gründer nicht notwendig Mitglieder des Vereins werden müssen, es sei denn, ihr Beitritt erfolgt bereits im Gründungsvertrag.

Zweites Kapitel

Privatrechtliche und öffentlich-rechtliche Schranken der Vereins- und Verbandsautonomie im Sportverbandswesen

§ 4 Privatrechtliche Schranken der Vereins- und Verbandsautonomie

I. Problemstellung

Nachdem die rechtlichen Grundlagen des Vereinswesens bestimmt sind, soll im folgenden untersucht werden, welche Schranken den Vereinen und Verbänden bei der Gestaltung ihrer internen Vereinsordnung gesetzt sind. Dabei sind einerseits die verfassungsrechtlichen Grenzen zu beachten, andererseits ist zu berücksichtigen, daß es sich bei der Beziehung zwischen Vereinigung und Mitglied um ein Privatrechtsverhältnis handelt.

Aufgrund der im Privatrecht geltenden Vertragsfreiheit können die Vereine und deren Mitglieder ihre Rechtsbeziehungen frei gestalten, soweit dem nicht gesetzliche Verbote oder Verstöße gegen die guten Sitten entgegenstehen. Mit seinem Beitritt unterwirft sich das Vereinsmitglied dem gültig gesetzten bzw. noch zu setzenden internen Vereinsrecht. Die den Vereinen insoweit gegenüber dem Mitglied gewährte privatautonome Regelungsmacht wird zudem durch die Vereinigungsfreiheit in Art. 9 GG garantiert.

Ebenso wie die Privatautonomie des Einzelnen nur im Rahmen der Rechtsordnung gewährleistet ist und zugleich durch diese begrenzt wird, so sind auch der Vereins- und Verbandsautonomie durch die Gesamtrechtsordnung Grenzen gesetzt.

Im Mitbestimmungsurteil vom 1. März 1979 hat das Bundesverfassungsgericht[1] ausgeführt, daß auch die Vereinigungsfreiheit auf Regelungen angewiesen ist, die „die freien Zusammenschlüsse und ihr Leben in die allgemeine Rechtsordnung einfügen, die Sicherheit des Rechtsverkehrs gewährleisten, Rechte der Mitglieder sichern, und den schutzbedürftigen Belangen Dritter oder auch öffentlicher Interessen

[1] BVerfGE 50, 290, 354.

Rechnung tragen"[2]. Damit hat das Bundesverfassungsgericht festgestellt, daß die Privatautonomie der Vereine sowohl den Grenzen der Privatrechtsordnung, als auch öffentlich-rechtlichen und insbesondere grundrechtlichen Einschränkungen unterliegt[3].

Wie bereits dargestellt[4], handelt es sich bei dem in den §§ 21 ff. BGB normierten Vereinsrecht nur um eine dürftige und — mit wenigen Ausnahmen — auch nur dispositive Regelung. Das Vereinsmodell des BGB basiert im wesentlichen auf dem vom Gesetzgeber vorgesehenen Selbstregulierungsmechanismus in Form des freien Vereinsbei- bzw. -austritts.

Von diesem Leitmodell des kleinen Vereins haben sich aber nicht nur im Bereich des Sports zahlreiche Organisationen weit entfernt, vielmehr sind Dimensionen erreicht worden, die zu einem faktischen Mitgliedszwang in einzelnen Bereichen geführt haben[5].

Die Grenzen der Vereinsautonomie müssen aber um so enger werden, je stärker die rechtliche oder faktische Machtposition der Vereinigung selbst ist. Das Vereinsrecht des BGB bietet hierfür keine geeigneten Lösungsmöglichkeiten an.

II. Inhaltskontrolle von Vereins- und Verbandsnormen

Will ein Beitrittswilliger sich in einem bestimmten Vereins- und Verbandsbereich betätigen, so muß er sich bei der Aufnahme den Vereins- und Verbandsnormen verbindlich unterwerfen. Als eine Schranke der Vereinsautonomie bietet es sich an, diese Normen zur Feststellung der Angemessenheit und Sachgerechtigkeit, ähnlich den ‚Allgemeinen Geschäftsbedingungen' einer Inhaltskontrolle zu unterziehen.

Die ‚Allgemeinen Geschäftsbedingungen' haben für den Rechts- und Wirtschaftsverkehr der modernen Industriegesellschaft überragende Bedeutung. Der Ablauf des Güter- und Leistungsverkehrs hat sich durch Massenproduktion und Massenkonsum so weitgehend verändert, daß an die Stelle des ausgehandelten und gemeinsam ausgestalteten Vertrages, von dem aber das Vertragsmodell des BGB ausgeht, in fast allen Bereichen der Wirtschaft ein durch vorformulierte ‚Allgemeine Geschäftsbedingungen' standardisierter Vertrag getreten ist. In zahlreichen Fällen werden aber durch die wirtschaftliche Überlegenheit eines Vertragspartners wesentliche Teile des Vertragsinhalts einseitig

---

[2] BVerfG ebd.

[3] *H. Kaufmann*, Sportwissenschaft 1981, S. 198, 202.

[4] s. o. § 1.

[5] Vgl. dazu die Ausführungen oben unter § 1 sowie zum Problem des Aufnahmeanspruchs auch die Darstellung unten unter § 8.

bestimmt und die im dispositiven Recht vorgesehene vertragliche Risikoverteilung zuungunsten des schwächeren Vertragspartners verändert. Grundsätzlich bleibt diesem nur die Wahlmöglichkeit, die angebotenen Vertragsbedingungen zu akzeptieren, oder aber sich nicht in dem vom Verband beherrschten Bereich zu betätigen.

Die Rechtsprechung[6] hat auf die Bestimmungen des Gesellschaftsvertrages einer Publikums-Kommanditgesellschaft die von der Rechtsprechung für allgemeine Geschäftsbedingungen entwickelten Grundsätze für anwendbar erklärt. Ist demnach aber die Anwendung dieser Grundsätze bei dem körperschaftlichen Charakter einer solchen Kommanditgesellschaft grundsätzlich möglich, so erscheint auch die Übernahme dieser Grundsätze auf weitere körperschaftlich strukturierte Rechtsgebilde nicht ausgeschlossen. Folglich könnte eine Inhaltskontrolle auf diejenigen Verbandsnormen ausgedehnt werden, die das interne Verhältnis zwischen Verband und Mitglied zum Gegenstand haben.

Das Gesetz über die allgemeinen Geschäftsbedingungen (AGBG) ist nach § 23 unter Berücksichtigung der Entstehungsgeschichte aber auf das Verhältnis zwischen Verein und Mitglied nicht unmittelbar anwendbar[7]. Dies schließt aber nicht aus, daß die allgemeinen, von der Rechtsprechung schon vor Inkrafttreten des AGB-Gesetzes entwickelten Grundsätze zur Kontrolle „Allgemeiner Geschäftsbedingungen" auf Satzungen angewandt werden. Bei einer entsprechenden Übernahme dieser Grundsätze sind jedoch die grundlegend unterschiedlichen Strukturen einer vereinsrechtlichen Korporation und eines gegenseitigen Austauschvertrages zu berücksichtigen, wie sie schon Gegenstand der Erörterungen zur Rechtsnatur der Satzung waren[8].

Bei einem Vertrag stehen sich zunächst prinzipiell gegenläufige Interessen der Vertragspartner gegenüber, die erst durch das Aushandeln der Vertragsbedingungen einen gerechten Ausgleich finden. Bei einem Verein sind demgegenüber die Interessen der Beteiligten insoweit gleichgerichtet, als die Verfolgung des Vereinszweckes regelmäßig von allen Mitgliedern angestrebt wird. Grob vereinfacht kann man feststellen, daß die Interessen der Vertragspartner gegenläufig, die der Vereinsmitglieder gleichgerichtet sind.

Ein weiterer wesentlicher Unterschied ist in der Geltung des Mehrheitsprinzips zu sehen. Bei der Anzahl der Vereinsmitglieder bestehen regelmäßig unterschiedliche Auffassungen darüber, wie das gemeinsame Vereinsziel am zweckmäßigsten verwirklicht werden kann. Folg-

---

[6] BGHZ 64, 241.

[7] *Ulmer*, AGBG § 23 Rdnrn. 20, 23; *Schlosser / Coester-Waltjen / Graba*, AGBG § 23 Rdnr. 5.

[8] Vgl. dazu oben § 3 III.

lich gilt im Verein nicht das Konsens-, sondern das Mehrheitsprinzip[9]. Schließlich werden im Verein regelmäßig Entscheidungsbefugnisse auf Vorstand und andere Organe übertragen. All dies hat zur Folge, daß es sich aus der Sicht eines bei einer Mehrheitsentscheidung oder auch bei einer Entscheidung der Vereinsführung überstimmten Mitgliedes um heteronome Entscheidungen handelt[10], deren Verbindlichkeit für dieses Mitglied lediglich auf einem im Verbandsbeitritt liegenden mittelbaren Konsenses zurückgeführt werden kann[11].

Durch die Inhaltskontrolle allgemeiner Geschäftsbedingungen sollen typische Störungen wie insbesondere ein mangelnder Verhandlungsspielraum[12] beim Zustandekommen eines Vertragskonsenses ausgeglichen werden. Es soll im Vertragsrecht durch die Inhaltskontrolle ein gerechter Ausgleich entgegengesetzter Interessen sichergestellt werden. Trotz des gemeinsamen privatautonomen Ausgangspunktes führen diese Überlegungen zwangsläufig zu der Feststellung, daß aufgrund der dem Vereinsrecht innewohnenden Befugnis zur einseitigen Rechtsgestaltung grundlegende Abweichungen vom Vertragsmodell vorliegen. Eine Übernahme des vorgegebenen Kontrollinstrumentariums auf verbandsinterne Beziehungen erscheint daher nicht geeignet.

Bei der Publikumskommanditgesellschaft wie auch beim wirtschaftlichen Verein ist das Bestreben der Beteiligten auf optimalen wirtschaftlichen Gewinn gerichtet. Wirtschaftliche Einbußen der Mitglieder oder der Gesellschafter beinhalten eine eigene Kontrollfunktion. Im übrigen sind die Mehrheitsentscheidungen bei wirtschaftlichen Vereinen gerade nicht gewährleistet, da der korporationsrechtliche Teil gegenüber einseitigen vertraglichen Regelungen zurücktritt. Die Überlegungen des BGH zur Überprüfung des Gesellschaftsvertrages einer Publikumskommanditgesellschaft lassen sich daher auf den Vereinsbereich nicht übertragen.

Man kommt daher zu dem Ergebnis, daß die Grundsätze zur Überprüfung der ‚Allgemeinen Geschäftsbedingungen' für den Vereins- und Verbandsbereich keine geeignete Kontrollfunktion übernehmen können.

Im Bereich des Privatrechts besteht daher nur die Möglichkeit, bei der gerichtlichen Überprüfung einzelner Vereinsmaßnahmen die Vereinsnormen an den allgemeinen Grenzen der §§ 134, 138, 826 BGB einer Inhaltskontrolle zu unterziehen. Dies hat zur Folge, daß lediglich Rechts- oder Rechtmäßigkeitskontrollen durchgeführt werden, aber die Angemessenheit der Verbandsnormen nicht überprüft werden kann.

---

[9] *Lutter*, AcP 180, 1980, 84 ff., 92; *Nicklisch*, Inhaltskontrolle, S. 29 f.

[10] Vgl. zu heteronomen Entscheidungen *Adomeit* in: Festschrift Kelsen, S. 9 ff., 18.

[11] *Nicklisch*, Inhaltskontrolle, S. 30.

[12] *Wiedemann*, Gesellschaftsrecht, § 3 III 3, S. 174.

§ 5 Öffentlich-rechtliche Schranken der Vereins- und Verbandsautonomie

Die Entwicklung des Vereins- und Verbandswesens legt es nahe, das Selbstverwaltungsrecht der Organisationen öffentlich-rechtlichen und insbesondere grundrechtlichen Einschränkungen zu unterwerfen.

I. Öffentlich-rechtliche Organisationsform

Im Vorgriff auf das fehlende Verbandsgesetz ist verschiedentlich der Versuch gemacht worden, die Grenzen der Vereinsautonomie durch Übertragung öffentlich-rechtlicher Grundsätze auf den inneren Vereinsaufbau zu bestimmen. So haben Lessmann[1] und Reuter[2] vorgeschlagen, besonders einflußreiche privatrechtliche Vereine wie öffentlich-rechtliche Organisationen zu behandeln. Bei Wirtschaftsverbänden kommt für Lessmann[3] eine öffentlich-rechtliche Organisationsform dann in Betracht, wenn deren öffentliche Aufgaben aufgrund positiv-rechtlicher Staatsaufgabenbestimmung als Staatstätigkeit anzusehen wäre.

Übersehen wird dabei aber, daß nicht schon ein öffentlicher Charakter der Aufgabenwahrnehmung zwingend die Anwendung öffentlichen Rechts gebietet. Ansonsten würde die Anwendung öffentlichen Rechts allein von dem unbestimmten Begriff „Wahrnehmung öffentlicher Aufgaben" abhängen. Die Anwendung öffentlich-rechtlicher Prinzipien beim inneren Aufbau von Verbänden erscheint nur dann gerechtfertigt, wenn sich entweder für die Anwendung dieser Prinzipien auch eine Grundlage im positiven Recht finden läßt, oder aber eine öffentlich-rechtliche Aufgabenübertragung — etwa hinsichtlich der Mitwirkung an der Gesetzgebung — formell erfolgt.

Gerade diese Voraussetzungen treffen für die hier zu untersuchenden Sportverbände nicht zu. Bei diesen ist eine Wahrnehmung öffentlich-rechtlicher Aufgaben nur insoweit denkbar, als sie die zur Verfügung gestellten Steuermittel verteilen. Dies erfolgt zwar weitgehend eigenverantwortlich, doch handelt es sich dabei lediglich um eine staatsentlastende Tätigkeit[4]. In einem solchen Fall kann aber die Übertragung verfassungsrechtlicher Grundsätze auf das Vereins- und Verbandswesen im Sinne des von Lessmann[5] insbesondere für Wirtschafts-

---

[1] *Lessmann*, Wirtschaftsverbände, S. 238 ff.

[2] *Reuter* in: Münchner Kommentar, vor § 21 BGB, Rdnr. 114 ff.

[3] *Lessmann*, Wirtschaftsverbände, S. 238 ff.

[4] *Nicklisch*, Inhaltskontrolle, S. 16 f.; vgl. auch als Beispiel staatsentlastender Tätigkeit die Aufgaben des deutschen Instituts für Normierung e. V., dazu *Marburger*, S. 197 ff.

[5] *Lessmann*, Wirtschaftsverbände, S. 238 ff.

verbände vorgeschlagenen öffentlich-rechtlichen Sonderstatus nicht befürwortet werden[6].

II. Die Grundrechte als Schranke der Vereins- und Verbandsautonomie

Zur Bestimmung der Grenzen der Vereinsautonomie kann auch eine unmittelbare Anwendung der Grundrechte in Betracht gezogen werden.

Die unmittelbare Anwendbarkeit der Grundrechte auf den Privatrechtsverkehr bezeichnet man mit einem von Ipsen[7] geprägten Ausdruck als „Drittwirkung der Grundrechte". Man versteht darunter eine horizontale Wirkung der Grundrechte im Verhältnis der Bürger zueinander im Gegensatz zur klassischen vertakilen Richtung der Grundrechte im Verhältnis des Bürgers zum Staat[8]. Auf den ersten Blick erscheint eine Grundrechtsdrittwirkung im Privatrecht zweifelhaft, da Art. 1 Abs. 3 GG bestimmt:

> „Die nachfolgenden Grundrechte binden Gesetzgebung, vollziehende Gewalt und Rechtsprechung als unmittelbar geltendes Recht."

Ausdrücklich werden im vorstehenden Wortlaut nur die staatlichen Organe angesprochen, eine Verpflichtung privater Rechtssubjekte ist nicht erwähnt. Demnach scheint es so, als ob die Grundrechte lediglich subjektiv öffentliche, gegen den Staat gerichtete Rechte sind. Gleichwohl wird seit langem die Erstreckung der Grundrechte auch auf außerstaatliche Stellen diskutiert[9].

Bevor aber das Problem einer unmittelbaren Grundrechtsgeltung innerhalb von Vereinen und insbesondere von Verbänden angesprochen

---

[6] Ebenso *Staudinger / Coing*, vor §§ 21 - 54 Rdnr. 42; *Rupp*, AöR 101 (1976), 188; *Bethge*, S. 390 f.; *Herrmann*, AcP 178 (1978), 81 f.

[7] *Ipspen*, Grundrechte II (1954), S. 111, 129, 138, 143.

[8] *Dürig* in: Maunz / Dürig / Herzog / Scholz, Art. 1 Rdnr. 127; *v. Münch*, Grundgesetz, vor Art. 1 - 19 Rdnr. 28 ff.

[9] Vgl. zu dieser beinahe unübersehbaren Literatur u. a. *Beitzke*, RdA 1953, 281; *Creifelds*, JR 1950, 455; *Dürig* in: Maunz / Dürig / Herzog / Scholz, Art. 1 Rdnrn. 127 ff.; Art. 2 Rdnrn. 57 ff.; *ders.* in: Festschrift Nawiasky, S. 157 ff.; *Enneccerus / Nipperdey*, § 15 II 4; *Hamel*, DVBl 1957, 618; *Hesse*, Rdnr. 351 ff.; *Jellinek*, BB 1950, 425; *Krüger*, NJW 1949, 163; *Laufke* in: Festschrift Lehmann, S. 145 ff.; *Leisner*, S. 1 ff., 285 ff.; *v. Münch*, GG-K Vorb. Art. 1 - 19 Rdnrn. 28 ff.; *v. Münch / Gubel*, GG-K Art. 3 Rdnr. 2; *ders.*, Art. 12 Rdnr. 1; *v. Münch / Niehmöhlmann*, GG-K (1. Aufl.) Art. 2 Rdnr. 14; *Nicklisch*, JZ 1976, 105 ff.; *Nipperdey*, RdA 1950, 121; *ders.*, BB 1951, 282; *ders.*, Grundrechte, Bd. II, S. 1 ff.; *ders.*, Grundrechte, Bd. IV, S. 752 ff.; *Schmidt-Rimpler / Gieseke / Friesenhahn / Knur*, AöR 76 (1950/51), 165 ff.; *Stein*, S. 249 f.; *Stern*, S. 142 ff.; *Schwabe*, S. 9 ff.; *Vogt*, S. 1 ff.; speziell für den Bereich des Sportverbandswesens: *Becker*, S. 1 ff., 51 ff.; *v. Münch / Gubelt*, GK-K Art. 12 Rdnr. 58; *Preis*, DB 1971, 1571; *Rauball*, S. 281 ff.; *Schennen*, S. 50 ff., 140 ff.; *Weiland*, S. 75 ff.; *Westermann*, S. 87 ff. jeweils m. w. N.

werden kann, ist es erforderlich, zunächst die Bedeutung der Grundrechte für den Privatrechtsbereich zu untersuchen.

§ 6 Grundrechtsdrittwirkung im Privatrechtsverkehr

Bisher konnte weder über den Umfang noch über die dogmatische Konstruktion einer Geltung der Grundrechte für den Bereich des Privatrechtsverkehrs Einigkeit erzielt werden. Angesichts der Vielzahl der Meinungen und Theorien würde eine grundsätzliche Auseinandersetzung mit der Drittwirkungsproblematik den Rahmen dieser Untersuchung sprengen. Im folgenden sollen daher nur die wesentlichen in Rechtsprechung und Lehre vertretenen Positionen in der gebotenen Kürze dargestellt und erörtert werden.

I. Die Grundrechte als bloße Abwehrrechte gegen den Staat

Nur kurz erwähnt sei die schon seit 1951[1] nicht mehr ernstlich vertretene Ansicht, daß die Grundrechte keine Wirkungen auf das Privatrecht entfalten würden[2]. Die Anhänger dieser Auffassung stützen sich insbesondere auf den Wortlaut des Art. 1 Abs. 3 GG, aus dem eine allein auf den Staat beschränkte Zielrichtung der Grundrechte folge. Weiterhin wird auf die historische Funktion der Grundrechte als Abwehrrechte sowie auf die Motive des Verfassungsgebers, der eine Drittwirkung nicht vorgesehen habe, verwiesen. Diesen Einwänden kann aber nicht gefolgt werden. Zum einen besagt der Wortlaut des Art. 1 Abs. 3 GG nicht, daß ausdrücklich nur die öffentliche Gewalt gebunden sein sollte, zum anderen folgt aus der Anordnung einer Grundrechtsdrittwirkung in Art. 9 Abs. 3 GG — danach sind Abreden, die die Koalitionsfreiheit einschränken oder zu behindern suchen nichtig —, daß der Wortlaut des Art. 1 Abs. 3 GG auch eine allgemeine Grundrechtsdrittwirkung nicht ausschließt. Zudem hat der Verfassungsgeber die Problematik einer Drittwirkung der Grundrechte nicht im vollen Umfange erkannt[3]; vielmehr war er unter dem Eindruck der nationalsozialistischen Herrschaft bemüht, dem Einzelnen Schutz vor staatlicher Macht zu gewähren.

Darüber hinaus kann weder die Dogmengeschichte noch die historische Ableitung der Grundrechte als staatsgerichtete Rechte maßgeblich

---

[1] So *Dürig* in: Maunz / Dürig / Herzog / Scholz, Art. 1 Rdnr. 131; *Achterberg*, JZ 1975, 717; *Hamann / Lenz*, GG, vor Art. 1 Ziff. 4.

[2] Vgl. u. a. *Jellinek*, BB 1950, 425; *Schmidt-Rimpler / Gieseke / Friesenhahn / Knur*, AöR 76 (1950/51), 165 ff.; *Creifelds*, JR 1950, 455; auf weitere Vertreter verweist *Leisner*, S. 310 f., Fn. 60 ff.

[3] *Leisner*, S. 313; *Vogt*, S. 90 ff. m. w. N.

sein, da das überkommene Grundrechtsverständnis gerade nicht maßgeblich bleiben muß[4] und Geltung und Grenzen von Normen nicht miteinander verquickt werden dürfen[5]. Man kann eine Rechtsnorm eben nicht in die geschichtliche Situation ihrer Entstehung einfrieren, sondern diese ist in der zeitlichen Dynamik der Geschichte interpretatorisch fortzuentwickeln und insoweit ständig zu aktualisieren[6]. Andernfalls würde das Recht gleich nach der Geburt zu einem toten Paragraphengerippe erstarren, es würde der Wirklichkeit ständig hinterher hinken[7]. Es besteht heute Einigkeit, daß in den Grundrechten eine „objektive Wertordnung" begründet liegt[8], die auch im Bereich des Privatrechts Berücksichtigung zu finden hat. Über die Methode und den Umfang einer Drittwirkung besteht aber nach wie vor Streit.

II. Die Lehre von der generellen unmittelbaren Drittwirkung der Grundrechte

Die Lehre von der unmittelbaren Drittwirkung wird angeführt von Nipperdey[9]. Als weitere Vertreter seien Beitzke[10], Herbert Krüger[11], Hildegard Krüger[12] und G. Müller[13] erwähnt. Ausgehend von anderen dogmatischen Ansätzen vertreten auch Schwabe[14] und Leisner[15] die unmittelbare Drittwirkung der Grundrechte.

Die auf Nipperdey zurückgehende Lehre stellt keinesfalls in Frage, daß auch heute eine Reihe von Grundrechten — insbesondere Art. 3, 8, 11, 13, 14 Abs. 1, 16, 17 GG — nur die öffentliche Gewalt im engeren Sinne des Wortes binden. Daneben gäbe es aber auch Grundrechtssätze, die nicht nur den Schutz der Freiheitsrechte vor dem Staat zum Inhalt

---

4 *Laufke* in: Festschrift Lehmann, S. 148, 150.

5 *Krawietz* in: Gedächtnisschrift Klein, S. 266; nicht der „Wille des Gesetzgebers" entscheidet, sondern der davon abstrahierte „Wille des Gesetzes", so *Weiland*, S. 106 Fn. 17; im Ergebnis ähnlich die Rechtsprechung des Bundesverfassungsgerichts vgl. BVerfGE 1, 299, 312; 11, 126, 129; BVerfG NJW 1973, 1221, 1225; BVerfG NJW 1978, 933, 936.

6 *Rupp*, AöR 101 (1976), 167, 169.

7 *Rupp*, ebd., S. 169.

8 *Nicklisch* in: Festschrift Schiedermeier, S. 452; *Rupp*, AöR 101 (1976), 165 ff.; BVerfGE 12, 205, 259; 35, 79, 114 jeweils m. w. N.

9 *Nipperdey*, Grundrechte II, S. 1, 18 ff.; *ders.* in: Enneccerus / Nipperdey, BGB AT, § 15 Ziff. 4; *ders.*, Grundrechte und Privatrecht, S. 17, 26; *ders.*, DVBl. 1958, 445; *ders.*, RdA 1950, 121.

10 *Beitzke*, RdA 1953, 281.

11 *Herbert Krüger*, NJW 1949, 165.

12 *Hildegard Krüger*, FamRZ 1956, 329.

13 *G. Müller*, RdA 1964, 121.

14 *Schwabe*, S. 157; *ders.*, NJW 1973, 229; *ders.*, AöR 100 (1975), 442; *ders.*, JR 1975, 13; *ders.*, JZ 1976, 439.

15 *Leisner*, S. 403; *ders.*, JZ 1973, 187.

hätten, sondern vielmehr auch dem einzelnen Bürger oder Menschen in seinen Rechtsbeziehungen zum anderen durch Rechtssatz einen „status socialis“ garantierten.

Der verfassungsrechtliche Satz garantiere nicht nur Freiheitsrechte gegenüber der Staatsgewalt, sondern beinhalte vielmehr Ordnungsgrundsätze für das soziale Leben, „die in einem aus dem Grundrecht näher zu entwickelnden Umfang unmittelbare Bedeutung auch für den Rechtsverkehr der Bürger untereinander haben“[16]. Nach dieser Lehre werden einzelne Grundrechte von staatsgerichteten öffentlichen Rechten zu absoluten, auch private Einzelne und Gruppen bindende Rechte. Die Grundrechte werden dabei in das herkömmliche System zivilrechtlicher Anspruchsgrundlagen und Normen einbezogen. Der Normgehalt zivilrechtlicher Vorschriften wird dabei unmittelbar durch die Grundrechte definiert, der spezifisch privatrechtliche Charakter der Norm tritt demgegenüber zurück. So wirken die Grundechte im deliktischen Bereich als „sonstige Rechte“ i. S. des § 823 Abs. 1 BGB und im rechtsgeschäftlichen Bereich als zur Nichtigkeit führende Verbotsgesetze i. S. d. § 134 BGB[17]. Nipperdey charakterisiert die Grundrechte als normative Regelung der gesamten Rechtsordnung und sieht sie demzufolge nicht als bloße „Leitsätze“ und Auslegungsregeln an[18].

Schwabe ist der Ansicht, daß der Dualismus „öffentliches — privates Recht“ im Rahmen der Drittwirkungsdiskussion ungeeignet sei, da Grundrechtsbeeinträchtigungen stets von staatlicher Macht herrührten. Er geht dabei davon aus, daß es eine eigene, staatsunabhängige Gewalt nicht gebe, somit allein die staatliche Rechtsmacht „Gegner“ der Grundrechte sei[19]. Primär orientieret sich Schwabe am Prozeßrechtsverhältnis. Da er die Rechtsprechung der staatlichen Gewalt zuordnet und damit nach Art. 1 Abs. 3 GG der Grundrechtsbindung unterwirft, kommt er auf diesem Wege zu einer Grundrechtsgeltung in bürgerlich-rechtlichen Prozessen[20].

Angemerkt sei, daß Schwabe Begründungsschwierigkeiten bei Rechtsverhältnissen außerhalb des Prozesses wie bei bürgerlich-rechtlichen Gestaltungsrechten hat. Darüber hinaus unterscheidet er nicht genü-

---

[16] BAGE 1, 185, 193.

[17] *Nipperdey*, Grundrechte und Privatrecht, S. 17 f.; LAG Berlin, NJW 1979, 2582 m. w. N.

[18] *Nipperdey*, ebd., S. 17 f.

[19] *Schwabe*, S. 155.

[20] *Schwabe*, S. 16 f.: „Im Rechtsstaat erhält der von Privaten ausgelöste und beschwerende, weil zu duldende Eingriff seine Bedeutung daher, daß er von der Rechtsordnung getragen ist — und also notfalls von der staatlichen Vollstreckungsgewalt durchgesetzt wird. Beschwerde, nicht abwehrfähige „private“ Gewalt ist staatlich legitimierte oder doch wenigstens gebilligte Gewalt, der von dort gegen den Grundrechtsträger ausgeübte Zugang ist staatlich sankioniert.“

gend zwischen Prozeßrechtsverhältnis und materiellem Rechtsverhältnis. Der Richter kann im Bereich der Zivilrechtsprechung die Grundrechte doch nur dann anwenden, wenn das materielle Rechtsverhältnis unter der Grundrechtsbindung steht[21].

Nach Leisners Ansicht[22] gelten die Grundrechte im Privatrecht unmittelbar über die §§ 134, 823 Abs. 2 BGB. Während die Grundrechte im vertraglichen Bereich unter Berücksichtigung der jeweiligen Gesetzesvorbehalte weitgehend verzichtbar seien, reiche der Grundrechtsschutz im außervertraglichen Bereich weiter[23].

Ausgangspunkt Leisners Überlegungen ist dabei insbesondere das Naturrechtsdenken des 17. und 18. Jahrhunderts. Danach seien die Grundrechte ursprünglich sowohl staats- als auch drittgerichtete Rechte gewesen, die einen natürlichen Zustand des Individuums garantierten und Individualrechte darstellten[24]. Abgesehen von der Irrelevanz naturrechtlicher Ideen zur Bestimmung des Verfassungsinhalts[25] mangelt es der von Leisner vorgenommenen Rangfolge der Normen, dem Vorrang der Verfassung vor dem einfachen Gesetzesrecht, an einer notwendigen Präzisierung[26].

III. Die Lehre von der mittelbaren Drittwirkung der Grundrechte

Die Vertreter einer mittelbaren Drittwirkung der Grundrechte[27] sind der Ansicht, daß sich als subjektivrechtliche Positionen gegen staatliche Machtentfaltung gerichtete Grundrechte weder unmittelbar noch absolut im Wege einer Drittwirkung auf das Verhältnis Bürger — Bürger übertragen lassen[28]. Da aber die Grundrechte gleichwohl für die Privatrechtsordnung gestaltende Kraft besitzen, vollziehe sich die Einwirkung der grundrechtlichen Wertungen mittelbar über die privatrechtlichen Generalklauseln des Bürgerlichen Rechts wie die §§ 138, 823, 826, 1004 BGB.

---

[21] Vgl. dazu insbes. *Bleckmann*, S. 139, 142; *Achterberg*, JZ 1975, 717; *Hesse*, Rdnr. 353; *Schennen*, S. 73 f., 78 m. w. N.

[22] *Leisner*, S. 403.

[23] *Leisner*, S. 378 ff.

[24] *Leisner*, S. 3 ff.

[25] Vgl. *Krawietz* in: Gedächtnisschrift Klein, S. 266.

[26] *Schennen*, S. 91.

[27] Grundlegend *Dürig* in: Festschrift Nawiasky, S. 157 ff., 164; *ders.*, Grundrechte II, S. 507, 525; *ders.*, JZ 1953, 199; *ders.* in: Maunz / Dürig / Herzog / Scholz, Art. 1 Rdnr. 132; *Erichsen*, Staatsrecht I, S. 58; *Bleckmann*, S. 141 ff.; *Maunz*, § 13 II 11; *Hesse*, Rdnrn. 351 ff.; *v. Mangoldt / Klein*, GG, Vorbem. zu den Grundrechten A II 41; *Stein*, § 24 II 3; *Geiger*, S. 18; *v. Münch / Niemöhlmann* (1. Aufl.) Art. 2 Rdnr. 14; *v. Münch / Gubelt*, Art. 3 Rdnrn. 2, 68, 79; Art. 12 Rdnrn. 2, 58; *Staudinger / Coing*, BGB, vor § 1 Rdnrn. 191 ff. jeweils m. w. N.; diese Lehrmeinung wird überwiegend als herrschend bezeichnet.

[28] *Rupp*, AöR 101 (1976), 161 ff., 170.

Dürig ist der Auffassung, daß die Verfassung nicht nur Ansprüche in Form von subjektiven Rechten beinhalte, sondern eine objektive Wertordnung darstelle. Dieses Wertsystem fließe über die wertausfüllungsfähigen Generalklauseln in das Zivilrecht ein, wobei sich bei der Ausfüllung der privatrechtlichen Begriffe und Generalklauseln drei Intensitätsgrade feststellen ließen. In der Regel handele es sich angesichts des privatrechtlichen Schutzsystems um bloße Wertdifferenzierung und Wertverdeutlichung[29]. Bei einem in der Verfassung erkennbaren Auffassungswandel könnten sie zur Wertakzentuierung und Wertverschärfung herangezogen werden[30] und auch zur Auffüllung zivilrechtlicher Wertschutzlücken[31] dienen. Die Grundrechte werden demnach zur Erhellung der privatrechtlichen Normen herangezogen, sie haben lediglich Ausstrahlungswirkungen auf das Privatrecht.

IV. Die Auffassung der Rechtsprechung zur Drittwirkung der Grundrechte

1. Die Rechtsprechung des Bundesarbeitsgerichts

Das Bundesarbeitsgericht ist zunächst in ständiger Rechtsprechung[32] von einer unmittelbaren Drittwirkung der Grundrechte ausgegangen. Das normative Bekenntnis des Grundgesetzes zum sozialen Rechtsstaat in Art. 20, 28 GG, das für die Auslegung des Grundgesetzes und auch anderer Gesetze von grundlegender Bedeutung sei, spreche für eine unmittelbare, privatrechtliche Wirkung der grundrechtlichen Bestimmungen, die für den Verkehr der Rechtsgenossen untereinander in einer freiheitlichen und sozialen Gemeinschaft unentbehrlich seien[33].

Neuerlich ist in der Rechtsprechung des Bundesarbeitsgerichts allerdings eine gewisse Zurückhaltung gegenüber dem unmittelbaren Rückgriff auf die Grundrechte festzustellen[34, 35].

---

29 *Dürig* in: Maunz / Dürig / Herzog / Scholz, Art. 1 Rdnr. 133; *ders.* in: Festschrift Nawiasky, S. 177 f.

30 *Dürig*, ebd.

31 *Dürig* in: Festschrift für Nawiasky, S. 179 f.

32 Vgl. BAGE 1, 185 ff., 193; 1, 258 ff., 262; 4, 240 ff., 243; 4, 274 ff., 276; 7, 256 ff., 260;13, 168 ff., 174; vgl. auch aus dem Bereich der Arbeitsgerichtsbarkeit zum Fußball ArbG Gelsenkirchen, NJW 1977, 598; sowie LArbG Berlin, NJW 1979, 2582 ff., 2583.

33 Vgl. BAG, NJW 1957, 1688 ff., 1689 — Lernpflegerin.

34 *Erichsen*, Staatsrecht, S. 42.

35 BAGE 24, 438, 441 wörtlich: ... Dabei geht der Senat zugunsten des Klägers in Übereinstimmung mit der ständigen Rechtsprechung des BAG von der sogenannten Drittwirkung dieser Grundrechte (scil.: Art. 3 Abs.s 3, 5 Abs. 1 GG), also von der Rechtsansicht aus, daß die genannten Verfassungsvorschriften unmittelbar auf den Privatrechtsverkehr anzuwenden sind ... ohne damit abschließend zu dieser noch immer umstrittenen Frage Stellung zu nehmen ...

2. *Die Rechtsprechung des Bundesgerichtshofes*

Die Rechtsprechung des Bundesgerichtshofes zur Frage der Drittwirkung von Grundrechten ist nicht einheitlich.

Charakteristisch ist insoweit eine Entscheidung des Kartellsenats des BGH[36]. In diesem Urteil betont das Gericht ausdrücklich, daß Rechtsbeziehungen mit ausschließlich privatrechtlichem Charakter nicht von einer unmittelbaren Bindung der Grundrechtsnormen erfaßt würden; andererseits trifft der Senat aber die Feststellung, daß auch eine unmittelbare Anwendung des in Betracht kommenden Grundrechts kein anderes Ergebnis zur Folge gehabt hätte.

Die Rechtsprechung des BGH zum Recht auf freie Meinungsäußerung[37] sowie diejenige zum Verhältnis von Glaubensfreiheit und ehelichen Pflichten[38] deutet die Annahme einer unmittelbaren Grundrechtsgeltung an. Bei der Rechtsprechung[39] zum allgemeinen Persönlichkeitsrecht wird dieser Theorie sogar ausdrücklich gefolgt.

Demgegenüber läßt sich die Entscheidung des Bundesgerichtshofs im Abschleppfall[40] nur als Ablehnung der Lehre von der unmittelbaren Grundrechtsgeltung im Privatrechtsverkehr deuten. In diesem Urteil stellt der 6. Senat ausdrücklich fest[41], daß es sich bei der Erteilung von Abschleppaufträgen durch die Polizei nicht um einen Fall des Verwaltungsprivatrechts[42] handele. Die rechtliche Beurteilung richte sich somit allein nach den Regelungen des Zivilrechts. Die Auswahlentscheidungen der Polizei zwischen den verschiedenen Unternehmen überprüft der Senat[43] allerdings anhand des allgemeinen Willkürverbots, dem die öffentliche Hand im Gegensatz zum Privatmann unterliege. Nur der Bürger könne bei der Wahl seiner Geschäftspartner innerhalb der Grenzen des Kartellrechts auch willkürlich verfahren und sachfremde Überlegungen verfolgen.

Erwägt aber der BGH nicht einmal im fiskalischen Bereich eine unmittelbare Grundrechtsgeltung, sondern überprüft das Handeln lediglich anhand des Willkürverbots, so müßte er erst recht dieser Lehre im Privatrechtsverkehr ablehnend gegenüberstehen.

---

[36] BGHZ 36, 91 ff., 96 — Gummistrümpfe —.

[37] Vgl. BGHZ 31, 313; 45, 308.

[38] BGHZ 33, 145 f., 149; 38, 317 f., 319.

[39] Vgl. BGHZ 13, 338; 15, 258; 24, 72, 76; 26, 354.

[40] BGH, NJW 1977, 629.

[41] BGH, NJW 1977, 629.

[42] Zum Begriff vgl. grundsätzlich *Wolff / Bachof* I, 23 II b; BGHZ 65, 284, 287.

[43] BGH, NJW 1977, 629, 630; dieser Entscheidung folgend auch OLG Düsseldorf, DÖV 1981, 537, 538 m. zustimmender Anmerkung von *Pietzcker*.

3. *Die Rechtsprechung des Bundesverfassungsgerichts*

Das Bundesverfassungsgericht hat bisher keinen Anlaß gesehen, abschließend zu dem Meinungsstreit ausdrücklich Stellung zu nehmen. Es hat indessen mehrfach den Charakter der Grundrechte als objektiver, für alle Bereiche des Rechts geltender Wertentscheidung hervorgehoben[44] und daraus die Folgerung gezogen, daß keine bürgerlich-rechtliche Vorschrift sich im Widerspruch zu dem grundrechtlichen Wertsystem setzen dürfe und jede in dessen Geist ausgelegt werden müsse[45]. Verfehle ein Gericht diese Maßstäbe, so verletze es als Träger öffentlicher Gewalt die außer acht gelassenen Grundrechtsnormen[46], auf deren Beachtung durch die Gerichte der Bürger einen verfassungsrechtlichen Anspruch habe[47]. In dem zur Drittwirkung grundlegenden Lüth-Urteil[48] führt das Bundesverfassungsgericht weiter aus:

„Der Rechtsgehalt der Grundrechte als objektiver Normen entfaltet sich im Privatrecht durch das Medium der dieses Rechtsgebiet unmittelbar beherrschenden Vorschriften. Wie neues Recht im Einklang mit dem grundrechtlichen Wertsystem stehen muß, so wird bestehendes älteres Recht inhaltlich auf dieses Wertsystem ausgerichtet; von ihm her fließt ihm ein spezifisch verfassungsrechtlicher Gehalt zu, der fortan seine Auslegung bestimmt. Ein Streit zwischen Privaten über Rechte und Pflichten aus solchen grundrechtlich beeinflußten Verhaltensnormen des bürgerlichen Rechts bleibt materiell und prozessual ein bürgerlicher Rechtsstreit. Ausgelegt und angewendet wird bürgerliches Recht, wenn auch seine Auslegung ... der Verfassung, zu folgen hat."

Weiter heißt es:

„Der Rechtsprechung bieten sich zur Realisierung dieses Einflusses (scil.: der grundrechtlichen Wertmaßstäbe) vor allem die ‚Generalklauseln', die, wie § 826 BGB, zur Beurteilung menschlichen Verhaltens auf außerzivilrechtliche, jetzt zunächst überhaupt außerrechtliche Maßstäbe, wie die ‚guten Sitten', verweisen ... Deshalb sind mit Recht die Generalklauseln als die ‚Einbruchstellen' der Grundrechte in das bürgerliche Recht bezeichnet worden (*Dürig* in Neumann / Nipperdey / Scheuner, Grundrechte II, S. 525)[49]."

Die in diesen Ausführungen zum Ausdruck gekommene Haltung des Bundesverfassungsgerichts zur Grundrechtsgeltung auf dem Gebiet des bürgerlichen Rechts ist seither ständige Rechtsprechung dieses Gerichts. Bei späteren Entscheidungen[50] hat sich das Gericht dann auf die Prü-

---

[44] Vgl. BVerfGE 7, 198 ff., 205 — Lüth-Urteil —; 10, 302 ff., 322; 13, 318 ff., 325; 25, 256 ff., 263 — Blinkfüer —; 34, 269 ff., 280.

[45] *Hesse*, Rdnr. 357.

[46] BVerfGE 18, 85 ff., 92; 30, 173, 187 ff. — Mephisto —.

[47] BVerfGE 7, 198 ff., 206 f. — Lüth-Urteil —; 30, 173 ff., 187 — Mephisto —.

[48] BVerfGE 7, 198 ff., 205 ff. — Lüth-Urteil —.

[49] BVerfGE 7, 198 ff., 206 — Lüth-Urteil —.

[50] Vgl. u. a. BVerfGE 25, 256 ff. — Blinkfüer —; BVerfGE 30, 173 ff. — Mephisto —; BVerfGE 35, 202 ff. — Lebach —.

fung beschränkt, ob die Zivilgerichte die Reichweite und „Wirkkraft" der Grundrechte auf dem Gebiet des bürgerlichen Rechts zutreffend beurteilt haben[51]. Letztendlich kann die ständige Rechtsprechung des Bundesverfassungsgerichts nur als Ablehnung einer unmittelbaren Grundrechtsgeltung und Befürwortung der Gegenmeinung verstanden werden.

V. Stellungnahme

Bei einem mit soviel Vehemenz geführten Meinungsstreit kann eine gewisse Ohnmacht in der Literatur nicht verwundern. Die nachfolgenden Ausführungen von Jötten[52] sind dafür bezeichnend:

> „Ob dabei jene Differenzierung zwischen mittelbarer und unmittelbarer Grundrechtsgeltung vor der sich mehr und mehr durchsetzenden Ansicht bestehen kann, daß es sich insoweit allein um eine ‚unfruchtbare'[53], ‚rechtstechnische'[54] ‚Methodenfrage'[55] ‚untergeordneten'[56] Ranges, wenn nicht gar um ein ‚Formulierungsproblem'[57] handelt, mag hier noch dahinstehen ..."

Sicherlich kann man aus der geschichtlichen Situation der Entstehung keine ausdrücklichen Rückschlüsse auf die aktuelle Funktion einer Norm oder eines Normapparates ziehen. Man darf Geltung und Genese von Normen eben nicht miteinader verquicken[58]. Eine Norm wird nach dem Entstehen nicht eingefroren, sondern entwickelt sich ständig fort und ist insoweit aktualisiert zu betrachten, da sie ansonsten der Wirklichkeit stets hoffnungslos hinterher hinken würde[59]. Zu Recht hat Häberle hervorgehoben, daß die Aktualisierung der Verfassung in der Dimension der Zeit gerade die vornehmste Aufgabe der Verfassungsinterpretation ist[60].

In einer industriellen Massengesellschaft ist die Freiheit des Menschen in ganz anderer Weise als zu früheren Zeiten bedroht, in denen Gefahren im Wesentlichen von der Staatsgewalt ausgingen. Für die Bewältigung der heutigen Probleme ist die Berufung auf die Entstehungsgeschichte der Grundrechte als Abwehrrechte gegen den Staat wenig dienlich.

---

[51] BVerfGE 61, 1 ff., 6.
[52] *Jötten*, S. 149.
[53] *Saladin*, S. 319.
[54] *Zippelius*, Allgemeine Staatslehre, S. 193.
[55] *Stern*, Grundrechte, S. 152; *Preis*, Lizenzspieler, S. 34 f.
[56] *Bydlinski*, ÖzöR Bd. 12 (1962/63), 423 ff., 441.
[57] *Säcker*, Gruppenautonomie, S. 230 in Fn. 74.
[58] *Krawietz* in: Gedächtnisschrift für Klein, S. 266.
[59] *Rupp*, AöR 101 (1976), 161 ff., 163.
[60] *Häberle*, Zeit und Verfassung, ZfPol 21 (1974), S. 111 ff.; ähnlich die Rechtsprechung vgl. u. a. BVerfG, NJW 1975, 919; BayVerfGH, NJW 1975, 1733.

Man sollte bei der Entscheidung über die Drittwirkung nicht das eigentliche Ziel außer Betracht lassen, nämlich das „zur Wirkung Bringen" von Grundrechten gegenüber Belastungen anderer Privatrechtssubjekte. Dadurch soll ein Mehr an Freiheit für den Einzelnen gewonnen werden; diese Freiheit soll aber nicht in die Vermachtung des Anderen ausufern. Die Grundrechte sind, und dies ist wohl unbestritten, objektivrechtliche Normen, an die gemäß Art. 1 Abs. 3 GG alle Staatsgewalt unmittelbar rechtlich gebunden ist. Andererseits stellen die Grundrechte zugleich in ihrer subjektivrechtlichen Ausprägung das Recht des Einzelnen dar, seine Freiheit gegenüber den von der Mehrheit beschlossenen Gesetzen, gegenüber staatlicher Exekutive und Judikative zu verteidigen[61]. Beide Auswirkungen der Grundrechte sind für das Grundrechtsverständnis von Bedeutung. So ist zunächst festzustellen, daß es einer Machtbegrenzung im Bereich der Privatautonomie regelmäßig nicht bedarf. Im Normalfall der privatrechtlichen Verhältnisse stehen sich die Partner gleichberechtigt gegenüber. Das Korrektiv der dabei gegebenen subjektiven Austauschgerechtigkeit führt regelmäßig zu einer Egalisierung tatsächlicher sozialer Machtunterschiede. Gerade für den Bereich der Privatautonomie konnte bisher nicht die von Dürig getroffene Feststellung[62] widerlegt werden, daß ein Vorgang in der Drittwirkung zivilrechtlich rechtmäßig ist, obwohl er, wenn der Staat als „Angreifer" aufträte verfassungswidrig wäre[63].

Eine unbesehene Übertragung staatsgerichteter Grundrechte führte zu empfindlichen Einschränkungen der Privatautonomie und damit zu einer nicht unerheblichen Einengung selbstverantwortlicher Freiheit. Zwingende Folge wäre eine Veränderung der Eigenart und Bedeutung des Privatrechts[64]. Zudem würde der Zivilrichter im Einzelfall vor die Aufgabe gestellt werden, jeweils die Tragweite der Grundrechte und ihre Begrenzung zu bestimmen. Gerade die Rechtsprechung des Bundesgerichtshofs zum allgemeinen Persönlichkeitsrecht und zum Recht auf freie Meinungsäußerung zeigt die Problematik einer unmittelbaren Drittwirkung der Grundrechte in der Rechtsanwendung: Es kann nicht auf hinreichend klare, detaillierte und bestimmte Regelungen zurückgegriffen werden. Dies birgt aber die Gefahr eines „Weniger an Rechtsstaatlichkeit".

---

[61] *Rupp*, AöR 101 (1976), 161 ff., 167.

[62] Vgl. die Beispiele bei *Dürig* in: Festschrift Nawiasky, S. 157 ff., 167 - 176.

[63] *Böhmer*, Grundrechte II, S. 422: Eine unmittelbare Grundrechtsanwendung würde am Beispiel des Art. 3 Abs. 2 und 3 zu der Feststellung führen: „Daher ist eine letztwillige Bestimmung nichtig, die jemand seines Geschlechts, seiner Abstammung, seiner Rasse, seiner Sprache, seiner Heimat und Herkunft, seines Glaubens, seiner religiösen oder politischen Anschauungegn benachteiligt oder bevorzugt." Vgl. dazu auch *Hesse*, Verfassungsrecht, Rdnr. 356.

[64] *Hesse*, EuGRZ 1978, 427, 437.

Es soll hier nicht auf die zahlreichen weiteren Argumente eingegangen werden, die das Für und Wider der einzelnen Theorien aufzeigen. Schon aus der bisherigen Darstellung ergibt sich zweifellos, daß keine der im Schrifttum vertretenen Ansichten frei von dogmatischen Schwächen ist. Nach Auffassung des Verfassers kann daher für das Ausmaß einer Drittwirkung weder die dogmatische Konstruktion, noch die Bedeutung der Grundrechte für das soziale Leben in der Gesellschaft maßgebend sein.

Historisch gesehen erscheinen die Grundrechte vorrangig als subjektive Abwehrkräfte gegenüber staatlicher Gewalt. Zweifellos ist diese Funktion auch heute noch vorhanden; hinzugekommen sind aber vielfältige neue Aufgaben. Menschliche Freiheit wird in der heutigen Zeit nicht mehr so sehr durch staatliche, sondern in zunehmendem Maße durch „nichtstaatliche Mächte" bedroht. Da Freiheit aber nur einheitlich gewährleistet werden kann[65], können sich die Grundrechte nicht nur gegen die staatliche Macht richten. Ihre Wirkung muß vielmehr auch als Schutz vor jeder freiheitsbedrohenden gesellschaftlichen Beeinträchtigung gesehen werden. Zudem hat sich das Verhältnis Staat — Bürger verwandelt. So ist es heute primäre Aufgabe des Staates, Daseinsvorsorge zu treffen und soziale Sicherheit zu gewährleisten. Dies sind Voraussetzungen für die durch die Grundrechte gewährleistete Freiheit. Das Bundesverfassungsgericht hat bereits im Lüth-Urteil[66] das Verständnis des Gerichts zur Bedeutung der Grundrechte klargestellt:

> „Ebenso richtig ist es aber, daß das Grundgesetz, das keine wertneutrale Ordnung sein will ..., in seinem Grundrechtsabschnitt auch eine objektive Wertordnung aufgerichtet hat und daß gerade hierin eine prinzipielle Verstärkung der Geltungskraft der Grundrechte zum Ausdruck kommt ... Dieses Wertsystem, das seinen Mittelpunkt in der innerhalb der sozialen Gemeinschaft sich frei entfaltenden menschlichen Persönlichkeit und ihrer Würde findet, muß als verfassungsrechtliche Grundentscheidung für alle Bereiche des Rechts gelten; Gesetzgebung, Verwaltung und Rechtsprechung empfangen von ihm Richtlinien und Impulse[67]."

In dieser Entscheidung ist die objektivrechtliche Dimension der Grundrechte zum Ausdruck gekommen. Sie beeinflussen das ganze Recht als oberste Prinzipien. Dieses Grundrechtsverständnis hat sowohl Auswirkungen für die Rechtsbeziehungen des Bürgers zu den öffentlichen Gewalten, als auch für diejenigen der Privatrechtssubjekte untereinander. Negativ ist der Staat verpflichtet, Eingriffe in grundrechtlich geschützte Bereiche zu unterlassen. Ist aber der durch die Grundrechte normierte Rechtszustand anderweitig gefährdet, können positiv für den Staat Verpflichtungen begründet sein, alles zu tun, dem Einzelnen die

---

[65] *Hesse*, EuGRZ 1978, 427, 430.

[66] BVerfGE 7, 198, 204 f.

[67] BVerfG, ebd.

Verwirklichung der Grundrechte zu ermöglichen. Es sei hier nur auf die Rechtsprechung zum „Numerus-clausus“[68] verwiesen.

In dieser Entscheidung hat das Bundesverfassungsgericht aus dem Recht auf freie Berufswahl in Art. 12 Abs. 1 GG die staatliche Verpflichtung hergeleitet, kapazitätsverbessernde Maßnahmen an den Universitäten zu ergreifen. Ist in dieser Entscheidung auch der Anspruch des Bürgers letztlich allein gegen den Staat gerichtet, so hat das Bundesverfassungsgericht in der Entscheidung zu § 218 StGB[69] und zum Entführungsfall Schleyer[70] prinzipiell auch Schutzansprüche des Bürgers gegen den Staat bei Beeinträchtigungen, die nicht vom Staat ausgehen, erwogen[71].

Man kann aus diesen Entscheidungen folgern, daß das Bundesverfassungsgericht eine verfassungsrechtlich gebotene Schutzpflicht des Staates dann annimmt, wenn die Freiheit eines Privatrechtssubjekts durch ein anderes gefährdet wird. Insbesondere im Bereich des Umweltrechts hat diese Verpflichtung erhebliche praktische Auswirkungen. So besteht eine unmittelbare staatliche Verantwortlichkeit für Umweltbelastungen, die aus einem durch Verwaltungsakt oder Rechtsnorm gebotenen Handeln durch Dritte entstehen[72]. Häufig lassen sich die Umweltbeeinträchtigungen nur zu einem kleinen Teil dem Staat als Eingriff zurechnen. Auch im Umweltschutz ist daher das eigentliche Problem der Grundrechtsargumentation die Frage, wie die Grundrechte gegenüber Umweltbelastungen Wirkungen entfalten können, die von Privatrechtssubjekten ausgehen[73].

Sowohl im Beschluß[74] zum „schnellen Brüter“ in Kalkar als auch im „Mühlheim-Kehrlich-Beschluß“[75] hat das Bundesverfassungsgericht zur Schutzpflicht des Staates Stellung genommen. Obwohl es sich bei diesen Fällen nicht konkret um die Drittwirkungsproblematik handelt, so ist jedenfalls E. Benda zuzustimmen, der die Schutzpflicht des Staates zur Abwehr von Grundrechtsgefährdungen als einen wesentlichen „Transmissionsriemen“ für die Drittwirkung der Grundrechte bezeichnet[76]. Im Bereich des Umweltrechts legt das Verständnis der Grund-

[68] BVerfGE 43, 291, 326 ff.

[69] BVerfGE 39, 1, 41 f.

[70] BVerfGE 46, 160, 164.

[71] Offengelassen worden ist in der Entscheidung zu § 218 StGB — BVerfGE 39, 1, 41 — allerdings, ob der objektivrechtlich begründeten Pflicht des Staates ein subjektiver Individualanspruch des von dem Eingriff Betroffenen entspricht.

[72] Vgl. dazu ausführlich *Rauschning*, VVDStRL 38 (1980), 167, 181 f.

[73] *Rauschning*, VVDStRL 38 (1980), 167, 182.

[74] BVerrfGE 49, 89.

[75] BVerfGE 53, 30.

[76] *E. Benda*, UPR 1981/82, 241, 243; dazu auch *Isensee*, Das Grundrecht auf Sicherheit, S. 34 ff., der ausdrücklich zwischen der Drittwirkung der Grund-

rechte als objektive Prinzipien dem Staat die Verpflichtung auf, Grundrechtsgefährdungen zu verhindern. Die Schutzpflicht des Staates erstreckt sich daher auf Beziehungen, die jenseits des Verhältnisses Bürger — Staat liegen. Auch über das Umweltrecht hinaus ist der Staat aus den Grundrechten verpflichtet, Privatrechtssubjekte vor freiheitsgefährdenden Beeinträchtigungen zu schützen. Mit der Ausdehnung der Schutzfunktion der Grundrechte auf andere Rechtsbeziehungen werden die Grundrechte zu einem Mittel der Freiheitssicherung gegenüber Dritten[77].

Folgt man dem dargelegten Verständnis der Grundrechte, bedarf es der Theorie der unmittelbaren Drittwirkung mit den ihr immanenten Einschränkungen der Privatautonomie nicht. Primär hat der Staat die Aufgabe, Normenkomplexe zu schaffen, die die grundrechtliche Freiheit ausgestalten[78]. Dem Staat obliegt es dabei, die Wege und Mittel zur Erfüllung seiner Schutzpflicht zu bestimmen[79]. Die Aufgabe besteht dabei in der Generalisierung der Verfassungsnorm durch Ablösung des Wertinhalts von der zufälligen verfassungsrechtlichen Ausgestaltung[80]. Folglich sind Regelungen zu treffen, die wirtschaftlichen und sozialen Machtmißbrauch verhindern.

Darüber hinaus ist der Staat verpflichtet, in den vorhandenen Normen den Rechtsgehalt der Grundrechte dergestalt zu konkretisieren, daß die grundrechtlichen Positionen der Privatrechtssubjekte hinreichend konkret gegeneinander abgewogen werden können. Auch wenn der Staat dieser Verpflichtung nur in einem geringen Maß nachkommt, bedarf es keiner unmittelbaren Drittwirkung der Grundrechte. Vielmehr erfolgt die Drittwirkung über die Funktion der Grundrechte als Werteordnung. Unter Rückgriff auf diese Werteordnung haben die Gerichte die Normen anzuwenden. Sie sind, im Gegensatz zur Theorie der unmittelbaren Drittwirkung, bei der Rechtsanwendung vom Wortlaut der Grundrechte freigestellt. Dadurch wird es den Richtern möglich, unter Berücksichtigung der grundrechtlichen Werteordnung im Einzelfall für die gegenseitigen Interessen eine angemessene Lösung zu finden. Durch Normsetzung und Normauslegung wird die Schutzpflicht gegenüber dem Privatrechtssubjekt erfüllt, so daß für die widerstreitenden Grundrechtsinteressen regelmäßig ein gerechter Interessenausgleich gefunden werden kann.

---

rechte und der Grundrechts-Ambivalenz unterscheidet, ohne die übergreifende Funktion der Grundrechte als Wertordnung zu erkennen.

[77] BVerfGE 7, 198, 205 f. — Lüth-Urteil —; *Hesse*, EuGRZ 1978, 427, 437.

[78] *Häberle*, Wesensgehaltsgarantie, S. 145 ff.

[79] So auch BVerfGE 39, 1, 44; 46, 160, 164 f.

[80] *Bleckmann*, S. 201.

§ 7 Die Grundrechtsdrittwirkung innerhalb von Vereinen und Verbänden

I. Problemstellung

Im Normalfall privatrechtlicher Verhältnisse führt die Wertemethode zu einem angemessenen Interessenausgleich. Ihre Anwendbarkeit wird aber in Frage gestellt, wenn zwischen Privatrechtssubjekten keine tatsächliche Gleichheitslage, sondern ein soziales Über-Unterordnungsverhältnis besteht, das wie im Verhältnis Verein/Verband zum jeweiligen Mitglied in seiner Wirkung dem des Bürgers zum Staat ähnelt. Merkel[1] hat an zahlreichen Beispielen nachgewiesen, daß Vereine und Verbände einen so starken Einfluß auf die wirtschaftlichen Interessen der Mitglieder ausüben, daß diese zwingend auf die Mitgliedschaft angewiesen sind und sich der „Macht" aus diesem Grunde auch durch Austritt nicht entziehen können. In diesen Fällen beruht die Mitgliedschaft im Verband nicht mehr auf einer Identifikation mit den ideellen Zielsetzungen, entscheidend ist vielmehr dessen Funktion als „Macht oder Leistungsträger"[2]. Da das einzelne Mitglied durch wirtschaftliche oder soziale Macht in einer privatrechtlichen Organisation ähnlich gebunden sein kann wie durch die Macht des Staates, ist internes Vereinshandeln verschiedentlich mit hoheitlichen Maßnahmen gleichgesetzt worden[3].

Daraus haben Teile der Literatur die Schlußfolgerung gezogen, daß gegenüber Inhabern wirtschaftlicher und sozialer Macht auch eine unmittelbare Bindungswirkung der Grundrechte gelte[4]. Bei einem Machtmißbrauch sozial oder wirtschaftlich starker Vereine sei nicht anders als im Verhältnis des Einzelnen zu den staatlichen Gewalten dasjenige Mindestmaß an Freiheit bedroht, das gerade die Freiheitsrechte als Elemente einer objektiven Ordnung des Gemeinwesens gewährleisten

---

[1] *Merkel,* S. 101 ff.

[2] *Merkel,* S. 103; vgl. dazu auch die Ausführungen oben § 1 sowie unter § 10 II.

[3] Vgl. dazu nur *Jötten,* S. 184 f., der den Versuch macht, eine strukturelle Parallelität von öffentlich-rechtlichem Gewaltverhältnis und vereinsrechtlichem Mitgliedschaftsverhältnis aufzuzeigen.

[4] Vgl. u. a. *Hesse,* Verfassungsrecht, Rdnr. 357; *Gammilscheg,* AcP 164 (1964), S. 385, 406; *Ballerstedt,* Wirtschaftsverfassungsrecht, in: Grundrechte, Bd. 3, 1. Halbband, S. 1 ff., 59; *Meyer-Cording,* Betriebsstrafe, NJW 1966, 225, 241; *Brecher* in: Festschrift Nipperdey, Bd. II, S. 69 f., 70; *Raiser* in: Verhandlungen des 46. DJT 1966, Teil B, S. 3 ff., 12 — trotz gelegentlicher Zweifel an einer unmittelbaren Drittwirkung im Privatrecht wird speziell für den Bereich des Vereins- und Verbandswesens die Anwendbarkeit der Grundrechte bejaht u. a. von *Westermann,* Vereinsstrafgewalt, S. 86 ff.; *Preis,* Lizenzspieler, S. 34; *Porschenrieder,* S. 230 f.; *Ernst,* S. 96; *Reiss,* S. 39 f.; *Rauball,* S. 286; *Weiland,* S. 86 f.

sollen[5]. Da eine freiheitsvernichtende Ausübung wirtschaftlicher und sozialer Macht verfassungsrechtlich nicht sanktioniert werden dürfe, müßten die Grundrechte gegenüber den Inhabern solcher Macht unmittelbare Bindungswirkung entfalten.

II. Die Voraussetzungen einer Grundrechtsdrittwirkung in Vereinen und Verbänden

Unter den Befürwortern[6] einer unmittelbaren Grundrechtsgeltung innerhalb des Vereins- und Verbandswesens finden sich auch Vertreter, die grundsätzlich für den Bereich des Privatrechts einer unmittelbaren Grundrechtsgeltung ablehnend gegenüberstehen. Dieser Gruppe[7] fehlt es aber an der erforderlichen Konsequenz, wenn sie für den Bereich des Vereins- und Verbandswesens ihre Grundeinstellung aufgeben und der Lehre der unmittelbaren Grundrechtsgeltung folgen. So muß man beispielsweise Weiland[8] den Vorwurf machen, aus „Praktikabilitätsgründen" die von ihm ansonsten befürwortete „beschränkte Drittwirkung" für den Bereich des Verbandswesens als nicht ausreichend anzusehen. Zur Begründung führt Weiland lediglich an, daß die „klassische" Ebene des Privatrechts mit ihrem Leitbild gleichberechtigter Partnerschaft aller Kontrahenten verlassen und illusorisch geworden sei[9].

Diese Begründung kann nicht ausreichen. Notwendig ist zunächst der Nachweis einer strukturellen Parallelität von öffentlich-rechtlichem Gewaltverhältnis und vereinsrechtlichem Mitgliedschaftsverhältnis.

1. *Die Parallelität von öffentlich-rechtlichem Gewaltverhältnis und vereinsrechtlichem Mitgliedschaftsverhältnis*

Mit Jötten[10] ist trotz einiger Vorbehalte diese Parallelität grundsätzlich zu bejahen. Otto von Gierke hat den modernen deutschen Staat als den höchsten und umfassendsten menschlichen Verein bezeichnet[11]. Der Einzelne sei dem Staat und dem Verein grundsätzlich in gleicher Weise in seinen mitgliedschaftlichen Rechten und Pflichten als „Gliedperson" untergeordnet[12].

---

[5] *Hesse*, Verfassungsrecht, Rdnr. 357.

[6] Vgl. oben Fn. 4.

[7] Insbesondere *Westermann*, Vereinsstrafgewalt, S. 86 ff.; *Preis*, Lizenzspieler, S. 34; *Porschenrieder*, S. 230 f.; *Ernst*, S. 96; *Reiss*, S. 39 f.; *Rauball*, S. 286; *Weiland*, S. 86 f.

[8] *Weiland*, S. 86 f.

[9] *Weiland*, S. 87.

[10] *Jötten*, S. 284 f. — vgl. für den Bereich des Deutschen Fußball-Bundes auch *Ernst*, S. 48 ff.

[11] *O. v. Gierke*, Genossenschaftsrecht I, S. 832; *ders.*, Grundbegriffe, S. 96 f., 100 f., 113.

[12] *O. v. Gierke*, Grundbegriffe, S. 116.

Sowohl im allgemeinen als auch im besonderen öffentlich-rechtlichen Gewaltverhältnis finden sich einzelne Strukturen, die im privatrechtlichen Bereich Parallelen haben. Hier sei nur auf das Vereinsstrafwesen verwiesen[13]. So ist für die Verhängung einer Vereinsstrafe der schuldhafte Verstoß gegen eine bestehnde satzungsmäßige Bestimmung nach Durchführung eines „Due process“[14] unter Einräumung rechtlichen Gehörs, Art. 103 GG, zwingend erforderlich. Aber auch wenn man diese Parallelen zieht, so darf nicht außer acht bleiben, daß für den Bereich des Vereins- und Verbandswesens nur die in der allgemeinen Rechtsordnung praktizierten Regelungen übernommen worden sind. Diese staatliche Rechtsordnung gilt aber kraft souveräner Selbstgestaltung des Volkes, der sich der Einzelne nicht freiwillig unterwirft. Der Vereinsbeitritt ist aber immer freiwillig, auch wenn bei Monopolverbänden wirtschaftliche oder sonstige Gesichtspunkte eine Mitgliedschaft nahe legen mögen.

Es erscheint daher fraglich, ob allein angesichts vorhandener struktureller Parallelen zwischen vereinsrechtlichem Mitgliedschaftsverhältnis und öffentlich-rechtlichem Gewaltverhältnis die Grundrechtsgeltung befürwortet werden kann. Soweit Jötten[15] eine durchgängige Grundrechtsgeltung in allen Vereinen annimmt, ist ihm entgegenzuhalten, daß die Machtstruktur in einem Geselligkeitsverein nicht mit der Machtfülle eines Monopolverbandes gleichgesetzt werden kann. Mag auch in sozial unbedeutenden Vereinen die Gefahr von Grundrechtsbeeinträchtigungen latent vorhanden sein, so verbleibt dem Mitglied noch immer die Möglichkeit des Austritts[16]. Auch im Verhältnis der Bürger untereinander besteht latent die Gefahr einer Grundrechtsgefährdung, eine unmittelbare Grundrechtsgeltung ist aber trotzdem nicht notwendig geboten[17].

Fordert man aber mit Leisner[18] eine „staatsähnliche Unentrinnbarkeitssituation“, so genügt dies wiederum nicht den rechtsstaatlichen Postulaten Vorhersehbarkeit, Berechenbarkeit und Rechtssicherheit. Es kann zweifelsfrei nicht bestimmt werden, in welchen Vereinen und Verbänden, ab welcher Größe und Funktion eine mißbräuchliche Ausübung wirtschaftlicher und sozialer Macht zu befürchten ist. Ob eine Monopolstellung vorhanden ist, kann dabei nicht allein ausschlaggebend sein.

---

[13] Für weitere Beispiele vgl. *Jötten,* S. 284 ff.

[14] *Ehmke,* Wirtschaft, S. 638.

[15] *Jötten,* S. 306 ff.

[16] Vgl. dazu die Ausführungen oben § 1, unten § 10 II.

[17] *Leisner,* S. 383 f.

[18] Auch *Weiland,* S. 86 Fn. 81, erkennt, daß die Bestimmung des erforderlichen „Komplexitätsgrades“ „schwerfällt“, der DFB erfülle aber als monopolistischer, strukturell extrem differenzierter Verbandsriese alle hier diskutierten Kriterien.

Befürwortet man trotz dieser Überlegungen eine Grundrechtsgeltung innerhalb der Vereine, so könnten sich aus der grundrechtlichen Stellung des Vereinswesens Bedenken ergeben.

2. *Problem der grundrechtsgeschützten Eigenposition der Vereinigung*

Als wesentliches Element der Grundrechtsgeltung in Staatsrichtung muß man die Tatsache bezeichnen, daß der Staat als Adressat keine grundrechtsgeschützte Eigenposition geltend machen kann[19]. Nimmt man aber im Verhältnis der Mitglieder zum Verein eine grundrechtsgeschützte Position der Korporation an, so kann dann eine unmittelbare Übertragung des Verhältnisses Staat — Bürger auf das des Vereins zu seinen Mitgliedern nicht erfolgen. Hat der Verein eine eigene Grundrechtsposition, so bedarf es trotz eines Über-Unterordnungsverhältnisses immer der Abwägung der jeweiligen Grundrechtspositionen.

Jötten[20] kommt in seiner Untersuchung zu dem Ergebnis, daß juristische Personen im Innenverhältnis keine eigenen Grundrechte geltend machen können. Er beruft sich dabei im wesentlichen auf ein individualistisches Grundrechtsverständnis, das seine Grundlage in Art. 1 Abs. 1 GG finde. Danach könnte eine eigene Grundrechtssubjektivität der Verbände einer unmittelbaren Grundrechtsgeltung nicht entgegenstehen. Ob dieser Ansicht gefolgt werden kann, ergibt sich aus dem Verständnis des Art. 19 Abs. 3 GG unter Berücksichtigung der in Art. 1 Abs. 1 und Art. 9 Abs. 1 GG getroffenen Regelungen.

a) Art. 19 Abs. 3 GG

„Die Grundrechte gelten auch für inländische juristische Personen, soweit sie ihrem Wesen nach auf diese anwendbar sind[21].“

Zunächst dehnt dieser Wortlaut des Art. 19 Abs. 3 GG den Anwendungsbereich der Grundrechte rechtstechnisch über den Kreis der natürlichen Personen hinaus auf juristische Personen aus. Die im wesentlichen auf Dürig[22] zurückgehende Rechtsprechung des Bundesverfassungsgerichts hat in der grundlegenden Entscheidung zur Grundrechtsträgerschaft juristischer Personen des öffentlichen Rechts die These vertreten, daß das „Wesen der Grundrechte“ im Sinne des Art. 19 Abs. 3 GG ausschließlich in dem Schutz der personalen Würde und Freiheit des Einzelmenschen bestehe[23]. In dieser Entscheidung heißt es:

---

[19] Vgl. *Jötten*, S. 310.

[20] *Jötten*, S. 325.

[21] Wortlaut des Art. 19 Abs. 3 GG.

[22] Vgl. *Dürig* in: Maunz / Dürig / Herzog / Scholz, Vorauflage (1959), Art. 19 Abs. 3 Rdnr. 3.

[23] BVerfGE 21, 362, 369 ff.

„Die Grundrechte sollen in erster Linie die Freiheitssphäre des Einzelnen gegen Eingriffe der staatlichen Gewalt schützen und ihm insoweit zugleich Voraussetzungen für eine aktive Mitwirkung und Mitgestaltung im Gemeinwesen sichern. Von dieser zentralen Vorstellung her ist auch Art. 19 Abs. 3 GG auszulegen und anzuwenden. Sie rechtfertigt eine Einbeziehung der juristischen Person in den Schutzbereich der Grundrechte nur, wenn ihre Bildung und Betätigung Ausdruck der freien Entfaltung der natürlichen Personen sind, besonders wenn der ‚Durchgriff' auf die hinter den juristischen Personen stehenden Menschen dies als sinnvoll oder erforderlich erscheinen läßt[24]."

Diese als Durchgriffstheorie bezeichnete Ansicht basiert mithin auf der Prämisse, daß der zweifellos individuelle Ausgangspunkt der Grundrechtsgeltung abschließend sei. Dem Art. 1 Abs. 1 GG wird damit ein überpositiver, gleichsam naturrechtlicher Rang beigemessen[25].

Nach dieser Auffassung ermöglicht Art. 19 Abs. 3 GG lediglich eine Persönlichkeitsentfaltung in Gemeinschaft; danach wäre die Grundrechtssubjektivität der juristischen Person im Innenverhältnis abzulehnen. Die gemeinsame Ausübung der Grundrechte durch die juristische Person kann sich folglich unter keinen Umständen gegen den eigentlichen Grundrechtsträger, das Individuum, wenden.

Einem solch rein individualistischen Verständnis des Art. 19 Abs. 3 GG stehen aber erhebliche Bedenken entgegen. Zweifellos stellt die Verfassung in Art. 1 Abs. 1 GG die freie menschliche Persönlichkeit auf die höchste Stufe der Werteordnung[26]. Daraus läßt sich zwar die Schlußfolgerung ziehen, daß die Grundrechtssubjektivtät einer juristischen Person immer ihre Grenze in der Menschenwürde finden muß; Art. 1 Abs. 1 GG läßt sich aber nicht entnehmen, daß juristische Personen keine eigene Grundrechtsträgerschaft besitzen[27]. Weder in Art. 1 Abs. 1 GG noch in Art. 19 Abs. 3 GG sind Anhaltspunkte ersichtlich, die für eine treuhänderische[28] oder abgeleitete Grundrechtsfähigkeit der juristischen Person sprechen. Die Formulierungen lassen vielmehr den Rückschluß zu, daß juristische Personen kraft ihrer soziologischen und rechtlichen Verselbständigung[29] gerade neben dem Bürger als potentielle Widersacher dem Staat mit den Grundrechten selbständig gegenüberstehen[30].

Das rein individualistische Verständnis des Art. 19 Abs. 3 GG kann auch nicht aus der Entstehungsgeschichte der Norm gefolgert werden.

---

[24] BVerfGE 21, 362, 369.

[25] *Achterberg* in: Festschrift Klein, S. 1, 6.

[26] So auch BVerfGE 30, 1, 39 f.

[27] So auch *v. Mutius* in: Bonner Kommentar, Art. 19 Abs 3 Rdnr. 32.

[28] Kritisch dazu *Schnapp,* StT 1969, S. 537; *Erichsen I* (2. Auflage), S. 172.

[29] Vgl. *v. Mutius* in: Bonner Kommentar Art. 19 Abs. 3 Rdnr. 32.

[30] Vgl. *v. Mutius,* ebd.

Vor dem Grundgesetz enthielt keine deutsche Verfassung eine dem Art. 19 Abs. 3 vergleichbare Vorschrift; lediglich in verschiedenen frühkonstitutionellen Verfassungen waren Beschwerderechte von Korporationen vorgesehen[31]. In der Geltungszeit der Weimarer Reichsverfassung wurde aber bereits in der Staatsrechtslehre über die Geltung der Grundrechte für juristische Personen diskutiert[32].

Bei der Aufnahme der Bestimmung des Art. 19 Abs. 3 in das Grundgesetz[33] entzündete sich die Diskussion allein an der Frage, ob die Norm eine enumerative Aufzählung der in Frage kommenden Grundrechte enthalten oder aber ob man darauf verzichten solle, um die Geltendmachung noch nicht vorgesehener Grundrechte zu ermöglichen[34]. Hinweise auf ein individualistisches Verständnis des Art. 19 Abs. 3 GG lassen sich dem aber gerade nicht entnehmen.

Die Durchgriffstheorie führt auch zu einer nahezu völligen Sinnentleerung des Art. 19 Abs. 3 GG. In prozessualer Hinsicht bietet die Norm zwar Erleichterungen in der verfassungsrechtlichen Geltendmachung von Grundrechtsbeeinträchtigungen durch die juristische Person selbst, denn ohne diese Regelung käme es auf die Geltendmachung der hinter ihr stehenden natürlichen Personen an. Dazu hätte es aber nicht der Aufnahme der Norm in das Grundgesetz bedurft. Eine dem § 50 Abs. 2 ZPO[35] vergleichbare Regelung wäre insoweit ausreichend gewesen. Eine materielle rechtliche Bedeutung der Verfassungsnorm kann aber nicht festgestellt werden. Oechsle[36] behauptet, der Sinngehalt des Art. 19 Abs. 3 GG bestehe darin, „daß der Mensch keine Grundrechtseinbuße erleide, wenn er seine Ziele mittels einer juristischen Person verfolge“[37]. Ein solches Verständnis der Vorschrift würde aber bedeuten, daß das Individuum in seiner Grundrechtsposition ohne die Regelung des Art. 19 Abs. 3 GG nur deshalb ungeschützt sei, weil er sich eben in einer juristischen Person zusammengeschlossen hat. Ein solches Ergebnis hätte aber auch ohne diese Norm durch teleologische Interpretation der einzelnen Grundrechte erreicht werden können. Dazu hätte es Art. 19 Abs. 3 GG nicht bedurft[38].

---

[31] Vgl. die Aufstellung bei *Achterberg* in: Festschrift Klein, S. 2 (Fn. 5).

[32] Vgl. dazu *Oechslse*, S. 6 ff.; *v. Mutius* in: Bonner Kommentar Art. 19 Abs. 3 Rdnr. 5; *Achterberg* in: Festschrift Klein, S. 3.

[33] Diese ging auf einen Antrag des Abgeordneten Dr. von Mangoldt zurück; ausführlich zur Entstehungsgeschichte *v. Mutius* in: Bonner Kommentar, Art. 19 Abs. 3 Rdnr. 6.

[34] *v. Mutius* in: Bonner Kommentar, Art. 19 Abs. 3 Rdnr. 6.

[35] § 50 Abs. 2 ZPO: Ein Verein, der nicht rechtsfähig ist, kann verklagt werden; in dem Rechtsstreit hat der Verein die Stellung eines rechtsfähigen Vereins.

[36] *Oechsle*, S. 149.

[37] *Oechsle*, S. 149.

[38] *Erichsen I* (2. Auflage), S. 172.

Entgegen den Befürchtungen der herrschenden Meinung[39] führt die Anerkennung einer eigenen Grundrechtssubjektivität der juristischen Person auch nicht dazu, daß der generelle Vorrang des Art. 1 Abs. 1 GG beseitigt wird. Die Funktion dieser Norm ist im Zusammenhang mit Art. 19 Abs. 3 GG darin zu sehen, daß der Grundrechtsschutz für Vereinigungen letztlich nicht zu Lasten der primär geschützten Individuen führen darf. Die Anerkennung einer eigenen Grundrechtssubjektivität der juristischen Person bewirkt gerade nicht die völlige Gleichstellung individueller Rechtspersonen und überindividueller Organisationseinheiten[40]. Daß sich die Bedeutung des Art. 1 Abs. 1 GG für die Interpretation des Art. 19 Abs. 3 GG darauf beschränkt, scheint auch Dürig zum Teil anerkannt zu haben. So konzidiert er[41], daß der Begriff „Durchgriff" aufgrund rechtsdogmatischer Belastungen mißverständlich sei. Er führt dazu wörtlich aus:

> „Gemeint war und ist, daß der Schutz des Einzelnen als eines einzelnen oder innerhalb von Zusammenschlüssen, die im Interesse der Menschen erfolgen, Ziel und Aufgabe der Grundrechte ist[42]."

Wie sieht es aber mit der gemeinschaftlichen Grundrechtsausübung der Individuen durch die juristische Person aus?

Suhr sieht mit Recht die Gefahr, daß die Freiheiten der juristischen Person nur die Freiheiten einiger sind:

> „Wo mehrere sich zusammentun, um eine Sache gemeinsam auszuführen, besteht die Gefahr, daß nur die einen sich frei entfalten (Entfaltungsherrschaft), während die anderen nur die Funktion haben, dabei mitzuwirken (Entfaltungsdienerschaft)[43]."

Die Autonomie der juristischen Person, die gegen den Staat gesichert ist, darf sich nicht im Inneren als Willkürfreiheit der einen und die Heteronomie der anderen erweisen[44]. Den für Art. 1 Abs. 1 GG richtigen Stellenwert erhält Art. 19 Abs. 3 GG somit dadurch, daß diese Vorschrift die freie Entfaltung aller hinter der juristischen Person stehenden natürlichen Personen sichert. Das Wesen der Grundrechte im Sinne des Art. 19 Abs. 3 gerät immer dann in Gefahr, wenn grundrechtlich verbürgte Freiheit in Macht umschlägt[45]. Unter dieser Prämisse besitzt die juristische Person eine eigene Grundrechtssubjektivität.

---

[39] Vgl. dazu nur *Dürig* in: Maunz / Dürig / Herzog / Scholz, Art. 19 Abs. 3 Rdnr. 1 ff.

[40] Vgl. insoweit auch *v. Mutius* in: Bonner Kommentar, Art. 19 Abs. 3 Rdnr. 153.

[41] Vgl. *Dürig* in: Maunz / Dürig / Herzog / Scholz, Art. 19 Abs. 3 Rdnr. 1.

[42] *Dürig*, ebd.

[43] *Suhr*, S. 172.

[44] *Suhr*, S. 173.

[45] *Suhr*, S. 185.

Diese Feststellung beantwortet aber noch nicht die Frage, ob die juristische Person auch gegenüber den eigenen Mitgliedern eine selbständige Grundrechtsposition in Anspruch nehmen kann. Aus der vorgenommenen Interpretation des Art. 19 Abs. 3 GG kann sie es jedenfalls dann nicht, wenn die freie Entfaltung der hinter ihr stehenden natürlichen Personen, ihres Mitglieds, gefährdet ist. In diesem Zusammenhang muß aber auch Art. 9 Abs. 1 GG beachtet werden.

b) Art. 9 Abs. 1 GG

Art. 9 Abs. 1 GG gewährleistet neben dem Recht des Einzelnen, sich in Vereinigungen beliebiger Art zusammenzuschließen — dem status collectivus —, auch ein sogenanntes „Gruppen"- oder „Verbandsgrundrecht"[46]. Nach dieser nahezu unstreitigen Lehre vom Doppelgrundrecht verfügt die Vereinigung über eigenen Grundrechtsschutz aus Art. 9 Abs. 1 GG, der auf freien Verbandsbestand und freie Vereinigungsbetätigung gerichtet ist. Dies folgt aus einer teleologischen bzw. am Grundsatz der Grundrechtseffektivität orientierten Interpretation der Norm. Schützt Art. 9 Abs. 1 GG zunächst die Bildung der Vereinigung, so muß auch deren Bestand und Betätigung nicht nur in der Person der Mitglieder, sondern auch in der Vereinigung selbst geschützt sein. Nur durch den Schutz der funktionsgerechten Betätigung der Vereinigung kann das Grundrecht des Art. 9 Abs. 1 GG volle Wirksamkeit entfalten. Das Grundgesetz gewährt somit in dieser Norm der Vereinigung einen vom Abwehrrecht der Mitglieder unabhängigen Anspruch auf Achtung ihres spezifisch funktionellen Bereichs[47]. Hinzu kommt, daß Art. 9 Abs. 1 GG die Gesellschaftsverfassung des Grundgesetzes im wesentlichen bestimmt. Diese stützt sich gerade nicht mehr auf die klassische Dichotomie von staatlichem Gemeinwesen und Individuum, sondern auf die Dreiheit von Staat, Verband und Individuum[48].

III. Stellungnahme

Aufgrund der vorhergehenden Darstellung lassen sich zur Frage der unmittelbaren Grundrechtsgeltung im inneren Vereins- und Verbandsbereich verschiedene Feststellungen treffen.

---

[46] Vgl. u. a. *v. Münch* in: Bonner Kommentar, Art. 9 Rdnr. 112; *v. Mangoldt / Klein*, Art. 9 Anm. V 3; *Scholz* in: Maunz / Dürig / Herzog / Scholz, Art. 9 Rdnr. 23 jeweils mit weiteren Nachweisen; BVerfGE 38, 281, 302 f.; 50, 290.

[47] Ob die Vereinigung unmittelbar aus Art. 9 Abs. 1 GG Grundrechtsschutz enthält — so die h. M. — oder nur i. V. mit Art. 19 Abs. 3 GG — so *Scholz* in: Maunz / Dürig / Herzog / Scholz, Art. 9 Rdnr. 23 m. w. N. — mag hier dahinstehen.

[48] Vgl. *Scholz* in: Maunz / Dürig / Herzog / Scholz, Art. 9 Rdnr. 11 ff.

Durch die Verfassung wird der juristischen Person im Verhältnis zum Staat eine eigene Grundrechtssubjektivität zuerkannt. Den Vereinigungen kommt durch Art. 9 Abs. 1 GG eine hervorgehobene Position zu. Da Organisationen regelmäßig auf den Zusammenschluß einzelner Individuen zurückgehen, dürfen ihre Rechte unter Berücksichtigung des Art. 1 Abs. 1 GG nicht zum Nachteil des Individuums geltend gemacht werden; die Rechte der Organisation finden immer ihre Grenze in dem Recht auf freie Entfaltung des hinter ihr stehenden Individuums. Für Vereine und Verbände, um die es hier in erster Linie geht, muß man aus der generellen Anerkennung eigener Grundrechtssubjektivität im Verhältnis zum Staat den Schluß ziehen, daß auch gegenüber dem einzelnen Mitglied eine eigene Grundrechtsposition besteht. Insbesondere Art. 9 Abs. 1 GG sichert den Vereinen und Verbänden eigene Grundrechtssubjektivität hinsichtlich ihrer Organisationsfreiheit zu. In den Entscheidungsprozessen der innerverbandlichen Willensbildung[49] bestimmt die Mitgliedermehrheit über Satzung und sonstige Regelungen. Die Grundrechtsausübung der Mitglieder wird durch den Mehrheitsbeschluß zur selbständigen Position der juristischen Person. Dabei liegt auch im Innenverhältnis keinesfalls die rechtsgeschäftliche Übertragung der subjektiven Grundrechte der Mitglieder auf den Verein bzw. Verband vor, da es den Individuen insoweit an der Dispositionsbefugnis über ihre Grundrechte mangelt[50]. Erkennt man die durch Art. 9 GG gegebene Gesellschaftsverfassung in ihrer Dreiheit Individuum, Verband und Staat an, so muß dem Verband nicht nur im Verhältnis zum allübergreifenden Staat, sondern auch zum hinter ihm stehenden Individuum Grundrechtssubjektivität zuerkannt werden. Insbesondere das durch Art. 9 GG gesicherte Organisationsrecht gebietet es, die Position der Vereinigung im Verhältnis zu den Mitgliedern nicht ungeschützt zu lassen, wobei Art. 1 Abs. 1 GG allerdings der Vorrang gebührt.

Mag man an der hier erfolgten Feststellung eigener Grundrechtssubjektivität des Verbandes gegenüber den Mitgliedern noch zweifeln, so ergibt sich aber zumindest, daß eine eigenständige Position des Verbandes besteht, die bei einer Gegenüberstellung mit den Rechten der Mitglieder nicht unberücksichtigt bleiben kann.

Einer unmittelbaren Grundrechtsgeltung im Verbandsbereich steht somit das Problem der Abwägung unterschiedlicher Grundrechtspositionen entgegen. Für den Verbandsbereich bestehen daher dem allgemeinen Privatrechtsverkehr vergleichbare Probleme. Es hat jeweils die Abwägung der unterschiedlichen Interessen zu erfolgen. Dazu bie-

---

[49] Vgl. dazu auch *Teubner*, Organisationsdemokratie, S. 178 ff.

[50] Vgl. BVerfGE 16, 147, 148; siehe auch *Leibholz / Rupprecht*, BVerfGE § 90 Rdnr. 72 sowie Nachtrag § 90 Rdnr. 72; *Sturm* in: Festschrift Geiger, S. 173, 187 ff.

tet aber die Lehre der mittelbaren Grundrechtsgeltung die geeigneteren Möglichkeiten[51].

Es darf dabei auch nicht übersehen werden, daß eine Gleichsetzung der von Verbänden und auch Wirtschaftsunternehmen ausgehenden Gefährdungen des Individuums mit „Typen“ vom Staat ausgehender Freiheitsbedrohungen[52] unzutreffend ist. Boykott, Kartellabsprachen, Mißbrauch der Vertragsfreiheit, willkürliche Aufnahmeverweigerung oder Freiheitsgefährdungen durch Machtkonzentrationen von Unternehmen und Verbänden gehören gerade nicht zur Typik staatlicher Machtentfaltung[53].

Die Grundrechte mit ihrer gegen staatliche Machtentfaltung gerichteten Zielrichtung sind hierfür keine geeigneten Verteidigungsinstrumente. Auch für den Vereins- und Verbandsbereich ist daher der Theorie der mittelbaren Grundrechtsgeltung zu folgen.

IV. Zusammenfassung

Aus den vorangehenden Ausführungen ergibt sich, daß die Grenzen der Vereinsautonomie im Bereich des Sportvereins- und -verbandswesens durch die vorhandenen speziellen privatrechtlichen und öffentlichrechtlichen Kontrollmechanismen nicht unmittelbar bestimmt werden können.

Weder eine Inhaltskontrolle der Verbandsnormen nach den Grundsätzen des Gesetzes zur Regelung des Rechts der Allgemeinen Geschäftsbedingungen noch eine unmittelbare Anwendung der Grundrechte bieten sich als geeignete Instrumentarien zur Begrenzung der rechtlichen oder faktischen Machtpositionen der Vereinigungen an. Bis zum Inkrafttreten eines speziellen Gesetzes zur Regelung des Verbandswesens unterliegt das Selbstverwaltungsrecht der Vereine daher allein den allgemeinen Grenzen der Privatautonomie.

Für den Bereich der Vereinsaufnahme, des Vereinsstrafverfahrens und dessen gerichtlicher Überprüfung sowie hinsichtlich der Ausgestaltung des Rechtsverhältnisses zwischen Sportverband und den in ihm organisierten Vereinen sollen die Grenzen im folgenden bestimmt werden.

---

[51] Vgl. oben § 6 III.

[52] *Rupp*, AöR 101 (1976), 161 f., 169.

[53] *Rupp* in: Wettbewerb als Aufgabe, S. 187 ff., 190; *Klein*, Grundrechte im demokratischen Staat, S. 34 f., 47.

Drittes Kapitel

Die Aufnahmepflicht von Sportvereinen und -verbänden

§ 8 Grundproblematik und Entwicklung der Rechtsprechung zur Vereinsaufnahmepflicht

I. Problemstellung

Die Mitgliedschaft in einem Verein wird regelmäßig durch Abgabe einer Beitrittserklärung und anschließender Aufnahme in den Verein erlangt. Im Bürgerlichen Gesetzbuch ist der Erwerb der Mitgliedschaft nicht geregelt. Nach § 58 Ziffer 1 BGB soll allerdings die Satzung eines eingetragenen Vereins Bestimmungen über den Eintritt der Mitglieder treffen. Da die Vereinssatzungen nur äußerst selten einen automatischen Beitritt zulassen, wird die Aufnahme durch das zuständige Vereinsorgan vollzogen. Berufungskriterium wird dabei regelmäßig die Frage sein, ob der Bewerber die satzungsmäßigen Voraussetzungen der Mitgliedschaft erfüllt. Ist das nicht der Fall, wird der Antrag regelmäßig zurückgewiesen werden, es sei denn, das Vereinsorgan läßt eine Ausnahme zu.

Erfüllt dagegen der Antragsteller die satzungsmäßigen Voraussetzungen, so steht ihm nach einhelliger Auffassung dennoch ein Aufnahmeanspruch nicht zu[1]. Als Begründung dient die in Art. 2 GG verfassungsmäßig gewährleistete Vertragsfreiheit[2] sowie das aus Art. 9 Abs. 1 GG abzuleitende Recht aller Vereine zur autonomen Selbstverwaltung[3].

Schließlich ergibt sich aus der Intensität der Bindung der Mitglieder an den Verein sowie auch untereinander ein Recht auf weitestgehend freie Auswahl unter den Bewerbern. Schon aus diesem Grunde kann es daher nicht möglich sein, jeder beliebigen Person einen Aufnahmeanspruch in jede beliebige Vereinigung zuzugestehen.

---

[1] BGH, MDR 1960, 109; BGH, NJW 1969, 316, 317; *Larenz*, BGB AT, S. 142; *Enneccerus / Nipperdey I*, § 112 II, S. 672; *Sauter / Schweyer*, Rdnr. 76; *Vollmer*, S. 124; *Galperin*, DB 1969, 704; *Reichert / Dannecker / Kühr*, Rdnr. 234; *Birk*, JZ 1972, 345; *Weiland*, S. 266.

[2] So insbesondere *Larenz*, BGB AT, § 10 I.

[3] *Scholz* in: Maunz / Dürig / Herzog / Scholz, Art. 9 Rdnr. 97 f.; vgl. zum Selbstorganisationsrecht auch die Ausführungen oben § 1.

Unter Berücksichtigung der bereits dargestellten[4] erheblichen wirtschaftlichen, sozialen und tatsächlichen Macht einzelner Vereine und Verbände ist es aber in bestimmten Fällen denkbar, für Korporationen eine rechtliche Verpflichtung zur Aufnahme eines Bewerbers zu erwägen. Welche Voraussetzungen an einen solchen Aufnahmeanspruch zu stellen sind, soll im folgenden für den Bereich des Sportvereins- und -verbandswesens untersucht werden.

II. Die Entwicklung der Rechtsprechung zum vereinsrechtlichen Aufnahmezwang

Die Rechtsprechung zum vereinsrechtlichen Aufnahmezwang hat eine Entwicklung von absoluter Ablehnung[5] bis hin zu einer nunmehr doch umfassenden Abwägung[6] der Interessen und Rechtspositionen der Beteiligten genommen.

Hatte das Reichsgericht zunächst noch festgestellt, daß in der Aufnahmeverweigerung ein Verstoß gegen die guten Sitten nicht gesehen werden könne,

> „und zwar auch dann nicht, wenn die Verweigerung der Aufnahme für die dadurch Betroffenen erhebliche Nachteile für ihren Gewerbebetrieb zur Folge hat“[7],

so wurde schließlich mit § 826 BGB als Anspruchsgrundlage[8] in der Aufnahmeverweigerung ein Schadensersatz auslösendes Verhalten gesehen. Die strengen Kriterien dieser Norm[9] führten aber dazu, daß ein Aufnahmezwang lediglich in Fällen offenbarer Willkür in Betracht kommen konnte[10].

Als der Bundesgerichtshof den § 826 BGB als Anspruchsgrundlage heranzog, löste er sich von den strengen Kriterien dieser Vorschrift. In seiner Entscheidung[11] vom 14. 11. 1968 über das Aufnahmebegehren des „Universitäts-Sportclubs Marburg e. V.“ in den Landessportbund deutete das Gericht an, daß Fälle denkbar seien, in denen ein Aufnahmeanspruch in einen Monopolverein trotz dessen entgegenstehender Satzungsbestimmungen angenommen werden könnte. Die Entscheidung selbst gewann der BGH aus einer Interessenabwägung. Unter Berücksichtigung der Interessen des Landessportbundes, der sich in seiner Satzung zur beruflichen Neutralität verpflichtet hatte, sei es dem Universi-

---

[4] Vgl. oben § 1.

[5] RGZ 60, 94 ff.

[6] BGHZ 63, 282 ff.

[7] RGZ 60, 94, 103.

[8] Erstmals RGZ 106, 120, 127 f.

[9] Vgl .dazu ausführlich unten § 9 II 2.

[10] RGZ 133, 388, 393; *Weiland*, S. 274.

[11] BGH, NJW 1969, 316.

täts-Sportclub zumutbar, seinen Namen durch Entfernung des Wortbestandteiles „Universität“ zu ändern bzw. einen beruflich neutralen Namen zu führen.

Die konsequente Anwendung des Verhältnismäßigkeitsgrundsatzes fällt bei der Entscheidung des OLG Stuttgart[12] vom 11. 5. 1971 auf[13]. Der Senat geht in diesem Urteil davon aus, daß die gerichtliche Anordnung der Aufnahme in einen Verein als Eingriff in die Vereinsautonomie nur dann zulässig sei, wenn andere weniger weitgehende Mittel nicht ausreichen würden und der Bewerber sich anderweitig nicht zu helfen vermag. Im Ergebnis wurde die Aufnahmeverweigerung des Redakteurs einer kommunistischen Wochenzeitung in die Landespressekonferenz e. V., die eng mit der Landesregierung Baden-Württemberg zusammenarbeitete und alle wesentlichen Presseorgane des Landes vertrat, bestätigt. Es sei dem Redakteur zuzumuten, die beträchtlichen Erschwernisse einer Nichtmitgliedschaft auf sich zu nehmen und gegebenenfalls diese durch weitere Klagen vor anderen Gerichten und durch besondere eigene Initiative zu beseitigen. Das OLG Stuttgart[14] führt dabei eine umfassende Abwägung der beiderseitigen Interessen durch, ohne allerdings durch Anführen einer Norm oder eines Präjudizes die rechtliche Basis der Entscheidung aufzuzeigen[15].

Im Jahre 1973 hatte dann der BGH über die Aufnahmeklage des „Seglerkollektiv Roter Anker e. V.“ in den „Deutschen Seglerverband e. V.“ zu entscheiden[16]. Im Ergebnis bestätigte der BGH die aufgrund der politischen Zielsetzung des Bewerbers erfolgte Zurückweisung des Aufnahmegesuchs. Unter Weiterentwicklung der im Landessportbundurteil[17] vertretenen Auffassung betont das Gericht, der Begriff der Sittenwidrigkeit im Sinne des § 826 BGB müsse unter Beachtung der Grundrechte des Antragstellers und seiner Mitglieder, aber auch der Interessen des Monopolvereins verfassungskonform ausgelegt werden. Danach kommt es letztlich allein auf die Abwägung der Interessen der Beteiligten an; auch die satzungsmäßigen Aufnahmevoraussetzungen werden einer ersten Inhaltskontrolle unterzogen. In der Sache kam der BGH zu dem Ergebnis, daß die Grundrechte des Bewerbers und seiner Mitglieder durch Befolgen der auf dem Gebiet des Segelsports anerkannten Grundsätze nicht beeinträchtigt seien. Der die Aufnahme begehrende Verein könne auch bei Aufgabe seiner politischen Zielsetzung seine Interessen am Segelsport voll verwirklichen.

[12] OLG Stuttgart, JZ 1972, 490 — Aufnahme in Landespressekonferenz.

[13] *Nicklisch*, JZ 1976, 105, 106.

[14] OLG Stuttgart, JZ 1972, 490.

[15] *Nicklisch*, JZ 1976, 105, 106; *Kübler*, JZ 1972, 492.

[16] Urteil vom 5. 7. 1973 KZR 16/72; in NJW 1973, 1973 ist der insoweit maßgebliche Teil der Urteilsgründe nicht abgedruckt.

[17] BGH, NJW 1969, 316.

Das für die Entwicklung eines Aufnahmeanspruchs wohl entscheidende Urteil traf der BGH 1974 in der sogenannten Kraftfahrerbund-Entscheidung[18]. Ziel der Klage des „Rad- und Kraftfahrer Solidarität e. V." gegen den „Deutschen Sportbund e. V." war es, neben dem „Bund deutscher Radfahrer e. V." als weitere Spitzenorganisation des Radsports aufgenommen zu werden. In formaler Hinsicht gibt der BGH in dieser Entscheidung erstmals den unmittelbaren Rekurs auf § 826 BGB auf, indem er eine „an die Vorschriften des § 826 BGB und an die Tatbestandselemente des § 27 GWB angelehnte Formel"[19] aufstellt. Danach darf die Ablehnung der Aufnahme nicht zu einer „sachlich nicht gerechtfertigten ungleichen Behandlung und unbilligen Benachteiligung" — gegenüber bereits aufgenommenen Mitgliedern — „eines die Aufnahme beantragenden Bewerbers führen"[19]. Erstmalig hat der BGH in diesem Urteil unter Berücksichtigung der genannten Kriterien die vom Verband aufgestellten satzungsmäßigen Aufnahmebeschränkungen auf ihre „sachliche Rechtfertigung" hin inhaltlich überprüft. Die Entscheidung des BGH über alle mit einem Aufnahmezwang zusammenhängenden Fragen stellt sich letztlich als eine Abwägung der Interessen der Beteiligten dar[20]. So wird einerseits dem Bewerber auferlegt, die ihm zumutbaren Anpassungen an die Satzung vorzunehmen, andererseits aber auch vom Verband verlangt, die Vereinszwecke gegebenenfalls durch mildere Satzungsgestaltungen zu verwirklichen.

Die in diesem Urteil zum Ausdruck gekommene Rechtsauffassung zum Aufnahmeanspruch hat sich inzwischen zur ständigen Rechtsprechung deutscher Gerichte entwickelt. So hat der BGH bei einem Aufnahmebegehren in den Hamburger Anwaltsverein[21] — erneut ohne Bezugnahme auf eine Anspruchsgrundlage — eine Interessenabwägung dahingehend vorgenommen, ob die Nichtmitgliedschaft eines Anwalts im Anwaltsverein für diesen zumutbar sei. Im Ergebnis verweist der BGH die Kläger hinsichtlich ihrer Interessen auf die Rechtsanwaltskammer, da der beklagte Verein jedenfalls keine rechtlich bedeutsame Monopol- oder Machtstellung innehabe. Ebenfalls nach einer Interessenabwägung hat jüngstens das OLG Frankfurt[22] in seinem Urteil dem Aufnahmebegehren des „Aikido Verbandes Hessen e. V." in den „Landessportbund Hessen e. V." entsprochen.

---

[18] BGHZ 63, 282 ff.

[19] So BGHZ 63, 282, 285.

[20] *Nicklisch*, JZ 1976, 105, 107.

[21] BGH, NJW 1980, 180; kritisch zu dieser Entscheidung *Werner*, S. 368 f., der auf die unterschiedlichen Aufgaben einer öffentlich-rechtlichen Körperschaft (vgl. §§ 62 Abs. 1, 176 Abs. 1 BRAO) und einer privatrechtlichen Interessenvereinigung hinweist.

[22] OLG Frankfurt, WRP 1983, 35 ff.

III. Bewertung der Rechtsprechung und Aufgabenstellung

Die von der Rechtsprechung aufgestellten Anforderungen an einen Aufnahmeanspruch lassen sich wie folgt zusammenfassen:

1. Monopolstellung des die Aufnahme ablehnenden Vereines
2. Mißbrauch dieser Stellung in verwerflicher Absicht, in offenbarer Willkür oder in diskriminierender Weise
3. Notwendigkeit der Mitgliedschaft für den Bewerber
4. Erfüllung der satzungsmäßigen Voraussetzungen in der Person des Bewerbers
5. Angemessenheit der Satzungsbestimmungen des Vereins unter Berücksichtigung des Vereinszwecks und der Interessen des Bewerbers

Eine Bewertung der dargestellten aktuellen Rechtsprechung zum Aufnahmeanspruch führt zu der Feststellung, daß die Entscheidungen keine stringente Subsumtion unter fest umrissenen Rechtssätzen beinhalten. Allein auf den Einzelfall bezogen bemühen sich die Gerichte nur um eine umfassende Abwägung der Interessen der Parteien. Da die Rechtsprechung sich nicht auf Anspruchsgrundlagen bezieht, mangelt es auch der Einbindung des Vereinsaufnahmeanspruchs in das BGB. Diese Praxis führt nicht nur zu dogmatischen Schwierigkeiten, sondern den Prozeßparteien wird dadurch die Möglichkeit genommen, ihre Anliegen umfassend vorzutragen[23].

Auch der Versuch, anhand der Rechtsprechung die Anforderungen aufzulisten, mindert für die Betroffenen diese Gefahr nicht. Die individuellen Entscheidungen sind für diese weder vorhersehbar noch überprüfbar. Es ist daher notwendig, losgelöst vom Einzelfall, Kriterien aufzustellen, um die Problematik der Pflicht zur Aufnahme in Vereine erschöpfend beurteilen zu können. Um aber die Entwicklung auf diesem Gebiet an allgemeinere rechtliche Grundlagen anknüpfen zu können, sind zunächst die in Betracht kommenden Anspruchsgrundlagen zu erörtern.

§ 9 Anspruchsgrundlagen einer Aufnahmepflicht von Sportvereinen und -verbänden

I. Die Satzung

Für einen Aufnahmeanspruch kommt primär eine Selbstbindung des Vereins durch die Satzung in Betracht[1]. Dafür genügt aber nicht eine

[23] *Grunewald,* AcP 182 (1982), 181, 184.

[1] RGZ 47, 76, 79, 81 ff.; 62, 303, 307 ff.; BGH, NJW 1961, 172, 173; BGH, NJW

schlichte Auflistung der Aufnahmekriterien, da im Zweifel anzunehmen ist, daß der Verein lediglich seinen gesetzlichen Pflichten nach § 58 Ziff. 1 BGB nachkommen wollte. Da für den Verein eine Selbstbindung wenig sinnvoll erscheint, spricht auch vieles dafür, in einer solchen Auflistung lediglich eine interne Anweisung für die zuständigen Organe zu sehen[2]. Diese Überlegungen haben wohl letztlich auch die Rechtsprechung bewogen, schon das Vorhandensein eines Aufnahmeverfahrens als Indiz gegen einen Verpflichtungswillen in der Satzung anzunehmen. Ein solches Verfahren sei bei einem automatischen Aufnahmeanspruch überflüssig[3]. Da aber die Mehrzahl der Vereine ein solches Aufnahmeverfahren vorsieht, wird sich aus der Satzung ein Aufnahmeanspruch nur im Ausnahmefall ergeben.

II. Der Kontrahierungszwang

Die Aufnahme in einen Verein erfolgt durch Vertrag[4]. Die Pflicht zur Vereinsaufnahme stellt sich somit als Pflicht zum Vertragsabschluß dar[5]. Damit ist die Problematik des Aufnahmeanspruchs als Fall des Kontrahierungszwanges anzusehen.

Eine Ausnahme von der sonst im Privatrecht geltenden Regel der Abschlußfreiheit, die ihre Basis in den Grundsätzen der Privatautonomie findet[6], bildet der Kontrahierungszwang, der einem Anbieter den Vertragsschluß mit einem abschlußwilligen bestimmten Dritten oktroyiert. Der Kontrahierungszwang soll im Vorfeld eines Vertragsschlusses, ähnlich der Kontrolle der Vertragsbedingungen anhand des AGB-Gesetzes, die fehlende Machtposition eines Vertragspartners ausgleichen und versuchen, zumindest im Ergebnis den Status zu erreichen, den ein Kräftegleichgewicht von allein hätte schaffen können. Ein so weit gehender Eingriff in die Privatautonomie kann aber grundsätzlich nur zulässig sein, wenn die Verpflichtung des Rechtssubjektes sich aus einem ausdrücklichen Gebot ergibt[7]. Auch für die Verpflichtung zum Abschluß eines Aufnahmevertrages ist daher ein rechtliches Gebot an

1969, 316; *v. Stechow*, S. 28 ff.; *Schultze-v. Lasaulx* in: Soergel / Siebert, § 38 BGB, Rdnr. 14; *Sauter / Schweyer*, Rdnr. 76; *Vollmer*, S. 124 f.; *Weiland*, S. 267.

[2] So *Weiland*, S. 267.

[3] BGH, NJW 1961, 172, 173.

[4] Vgl. dazu die Ausführungen unter § 15 II 1 b.

[5] *Grunewald*, AcP 182 (1982), 181, 186.

[6] Vgl. *Flume*, Allg. Teil des BGB, § 16 a; *Larenz*, Schuldrecht AT, § 4 I; *Kranz* in: Münchner Kommentar, vor § 145, Rdnr. 17; *Grunewald*, AcP 182 (1982), 181, 186.

[7] Beispiele gesetzlich geregelter Kontrahierungszwänge sind u. a. § 453 HGB; § 22 PBefG; § 8 EnergWiG; § 90 Abs. 1 S. 1 GüKG; § 15 BNotO; §§ 48, 49 BRAO.

den Verein erforderlich, den Aufnahmeantrag anzunehmen und damit das Mitgliedschaftsverhältnis zu begründen.

Eine dementsprechende Anspruchsgrundlage ist für Wirtschafts- und Berufsverbände in der speziellen Regelung des § 27 GWB zu sehen. Für andere Vereinigungen hat die Rechtsprechung zur Begründung des Aufnahmeanspruchs § 826 BGB herangezogen.

Im folgenden sollen die Voraussetzungen dieser Anspruchsgrundlagen kurz dargestellt und ihre Anwendbarkeit für den Vereins- und Verbandsbereich erörtert werden.

1. § 27 GWB

a) Die Voraussetzungen des § 27 GWB

Gesetzliche Ansprüche, die sich explizit mit der Aufnahmepflicht in einen Verein befassen, gibt es bis auf § 27 GWB im deutschen Recht nicht. Diese Vorschrift ermächtigt die Kartellbehörden, auf Antrag eines abgelehnten Unternehmens die Aufnahme desselben in eine Wirtschafts- oder Berufsvereinigung anzuordnen, sofern die Ablehnung eine „sachlich nicht gerechtfertigte ungleiche Behandlung darstellt, die zu einer unbilligen Benachteiligung des Unternehmens im Wettbewerb führt“. Die Vorschrift richtet sich gegen eine spezielle Form der Diskriminierung im Wettbewerbsrecht.

Die Aufnahmeanordnung der Kartellbehörde ist im wesentlichen an drei materielle Voraussetzungen geknüpft. Zunächst muß es sich um eine Wirtschafts- oder Berufsvereinigung handeln. Allgemein versteht man darunter auf freiwilliger Grundlage geschlossene Vereinigungen von Unternehmen eines Wirtschaftszweiges zum Schutz und zur Förderung der gemeinschaftlichen Wirtschaftsbedingungen[8]. Als Repräsentant gegenüber den gesetzgebenden Organen, der Verwaltung, der Öffentlichkeit und anderen Interessengruppen sollen die Vereinigungen nicht nur die Interessen der einzelnen Mitglieder, sondern diejenigen eines gesamten Wirtschaftszweiges oder einer Berufsgruppe wahrnehmen. Der Beitrittswillige muß Unternehmer sein. Der BGH geht in ständiger Rechtsprechung davon aus, daß „jedwede Tätigkeit im geschäftlichen Verkehr“ den Unternehmensbegriff erfüllt[9]. Danach erfaßt das Gesetz als Unternehmer alle natürlichen und juristischen Personen sowie deren nichtrechtsfähige Zusammenschlüsse, die aktiv und selbständig am Wirtschaftsleben, am Verkehr mit Waren und gewerblichen Leistungen teilnehmen[10].

---

[8] *Benisch* in: Gemeinschaftskommentar, § 27 Rdnr. 2.

[9] BGH GrZs WuW/E BGH 1469 „Autoanalyser“; WuW/E BGH 1325 „Schreibvollautomat“.

[10] *Müller / Henneberg* in: Gemeinschaftskommentar, § 1 Rdnr. 5.

Die Ablehnung des Aufnahmeantrages muß für den Antragsteller eine sachlich nicht gerechtfertigte Ungleichbehandlung gegenüber anderen gleichartigen Unternehmen bedeuten. Auch bei Wirtschafts- und Berufsverbänden gilt das vereinsrechtliche Prinzip, nach dem die Gründer Zweck und Umfang des Vereins grundsätzlich selbst bestimmen können. Danach ist eine Ablehnung eines Aufnahmeantrages dann sachlich gerechtfertigt, wenn sie auf vernünftigen, insbesondere im Verbandszweck begründeten Erwägungen beruht[11]. Dies bedeutet aber gleichzeitig, daß der Hinweis des Vereins, der Bewerber erfülle die in der Satzung oder durch Übung festgelegten Aufnahmebedingungen nicht, dann unbeachtlich ist und zur Aufnahmeanordnung der Kartellbehörde führt, wenn diese Bedingungen durch den im Rahmen der Vereinsautonomie festgelegten Satzungszweck des Verbandes nicht gedeckt sind[12]. Die Ablehnung ist aber auf jeden Fall unbillig, wenn dem Verband zur Wahrung seiner legitimen Interessen auch mildere Mittel als gerade die Aufnahmeverweigerung zur Verfügung stehen[13]. Über die Grundlosigkeit der Aufnahmeverweigerung kann immer nur im Einzelfall auf Grund einer umfassenden Interessenabwägung entschieden werden[14].

Neben der Diskriminierung durch die Ablehnung der Aufnahme ist es erforderlich, daß das abgelehnte Unternehmen dadurch auch unbillig im Wettbewerb benachteiligt wird. Dabei muß es genügen, daß der Bewerber durch die Vorenthaltung der oft unwägbaren Vorteile, die die Mitgliedschaft und die Betreuung durch den Verband mit sich bringt, mittelbar eine Benachteiligung im Wettbewerb erleidet[15].

Liegen die genannten Voraussetzungen vor, kann die Kartellbehörde gemäß § 27 GWB auf Antrag des zurückgewiesenen Unternehmens dessen Aufnahme in diesen Verband anordnen. Durch eine solche Anordnung wird allerdings weder die Aufnahme selbst vollzogen, noch werden diskriminierende Satzungsbestimmungen aufgehoben. Es entsteht vielmehr für den Verband die öffentlich-rechtliche Verpflichtung, den Bewerber als neues Mitglied aufzunehmen. Obwohl § 27 GWB lediglich die Anordnungsmöglichkeit durch die Kartellbehörde regelt und auch ansonsten das GWB keine ausdrückliche Kodifizierung eines Kontrahierungszwanges[16] enthält, wird von der Rechtsprechung und der ihr

---

[11] *Fuchs*, NJW 1965, 1510, 1511; Frankfurter Kommentar, § 27, Rdnr. 28.

[12] Vgl. zur rechtsdogmatischen Begründung *Fuchs*, NJW 1965, 1510, 1513; *Benisch* in: Gemeinschaftskommentar § 27, Rdnr. 8; *Emmerich*, Kartellrecht, § 20 2 a.

[13] BGH WuW/E BGH 1725, 1726 f. — Deutscher Landseer Club — 1979; KG WuW/E OLG 2312 — Deutscher Landseer Club — 1980.

[14] *Emmerich*, Kartellrecht, § 20 2 a.

[15] WuW/E BGH 288, 291; *Benisch* in: Gemeinschaftskommentar § 27, Rdnr. 12; *Fuchs*, NJW 1965, 1510, 1511; *Vollmer*, S. 127 Fn. 173.

[16] *Werner*, S. 592; zum Begriff vgl. zuletzt *Grunewald*, AcP 182 (1982), 181.

folgenden Literatur selbst ohne Anordnung der Kartellbehörde eine Aufnahmepflicht angenommen, wenn die Vertragsverweigerung gegen § 27 GWB verstößt[17]. Ein solcher Kontrahierungszwang wird aus der Schadensersatznorm des § 35 GWB i. V. m. dem in § 249 BGB[18] ausgesprochenen Grundsatz der Naturalrestitution[19] abgeleitet.

Diese ständige Rechtsprechung stößt in Teilen der Literatur auf starke Kritik[20]. Danach könne eine Schadensersatz- oder Unterlassungsklage des abgelehnten Bewerbers gegen den Verein auf § 35 Abs. 1 GWB nur gestützt werden, wenn § 27 GWB als Schutzgesetz anerkannt würde[21]. Es soll hier aber auf eine eingehendere Erörterung verzichtet werden, da die Streitfrage letztlich ohne große Bedeutung ist.

b) Anwendbarkeit des § 27 GWB im Bereich des Sportverbandswesens

Für die Anwendbarkeit des § 27 GWB im Bereich des Sportverbandswesens kommt es darauf an, daß es sich bei dem Verein/Verband um eine Berufs- oder Wirtschaftsvereinigung handelt[22]. Da aber § 27 GWB nur die Aufnahme von Unternehmen vorsieht, können Wirtschafts- und Berufsvereinigungen i. S. dieser Vorschrift nur solche sein, die von Unternehmen gebildet werden und deren unternehmerische Interessen fördern und nach außen vertreten[23].

Dieser Voraussetzung genügen aber Sportvereine und Sportspitzenverbände in der Regel nicht, soweit sie nicht überwiegend wirtschaftliche Interessen ihrer Mitglieder vertreten.

Die Anwendbarkeit des § 27 GWB scheidet daher schon bei Vereinen/Verbänden aus, die sich ausschließlich im ideell-sportlichen Bereich betätigen. Dies gilt insbesondere für Amateurvereine bzw. Amateurspit-

---

[17] BGHZ 29, 344, 352; BGHZ 33, 259; 49, 90, 98; BGH GRUR 1962, 601 m. Anm. *Glein;* OLG Düsseldorf, BB 1965, 1126; OLG Stuttgart, WuW/E 1083, 1085; OLG München, WuW 1959, 230; *Baumbach / Hefermehl*, § 27 GWB Rdnrn. 1, 7, 14; *Birk*, JZ 1972, 343, 347; *Emmerich*, Kartellrecht § 20 3 b; *Enneccerus / Nipperdey*, § 162 IV 2; *Mestmäcker*, AcP 168 (1968), 235, 242; *Müller / Gries / Giersler*, § 27 Rdnr. 2; *Reichert*, S. 111; *Nicklisch*, BB 1972, 1285, 1286.

[18] Für den Schadensersatzanspruch des § 35 GWB gelten die allgemeinen Bestimmungen der §§ 249 ff. BGB; vgl. *Emmerich* in: Immenga / Mestmäcker, § 35 Rdnr. 76.

[19] *Emmerich*, § 20 3 b.

[20] So insbes. *Benisch* in: Gemeinschaftskommentar § 27, Rdnr. 23; *Werner*, S. 593 m. w. N.

[21] Nach *Schmidt*, Kartellverfahrensrecht, S. 288, bedeutet ein Aufnahmezwang aus §§ 27, 35 GWB ohne Anordnung der Kartellbehörde eine „partielle Vorverlegung der privatrechtlichen Sanktion eines nach dem GWB erst kraft Verfahrens sanktionsfähiges Ge- oder Verbots.

[22] s. o. § 9 II 1 a.

[23] *Markert* in: Immenga / Mestmäcker, § 27 Rdnr. 9.

zenverbände, mangelt es doch an der Förderung unternehmerischer Interessen der Mitglieder. Amateursportler und Amateurvereine können ihr Aufnahmebegehren somit nicht auf § 27 GWB stützen.

Anders ist es bei Berufssportverbänden. So hat das Bundeskartellamt[24] den Bund Deutscher Berufsboxer als Berufsvereinigung angesehen, da die Mitgliedschaft in diesem Verband die Voraussetzung wirtschaftlicher Tätigkeit der Bewerber darstellt; Berufsboxer, Trainer und Veranstalter können ihren Berufssport nur ausüben, wenn sie Mitglied in dieser Vereinigung sind. Da sie sich eigenverantwortlich betätigen, Auslagen für Trainer und Manager selbst von ihren Einnahmen als Berufssportler zu bestreiten haben, sind sie zweifellos als Unternehmen i. S. des GWB anzusehen[25]. Ihre unternehmerischen Interessen werden dann durch den Bund Deutscher Berufsboxer gefördert.

Auch bei den Vereinigungen, die nach dem Verbandszweck sowohl den Amateur- als auch den Berufssport fördern, kann § 27 GWB grundsätzlich Anwendung finden. Typisches Beispiel hierfür ist der DFB[26]. Dieser Verband hat neben der Förderung des Amateursports[27] auch die Organisation und Durchführung des Berufsfußballsports übernommen[28]. Durch die Einrichtung von ‚Profi-Ligen' dient der DFB sowohl den wirtschaftlichen Interessen der Berufsfußballspieler als auch denjenigen der in diesen Ligen tätigen Lizenzspielervereinen.

Während die Spieler, bedingt durch das Arbeitsverhältnis mit ihren Vereinen[29], nicht als Unternehmer anzusehen sind, werden die Lizenzspielervereine unternehmerisch tätig[30]. Ihre gewerbliche Leistung besteht im ‚Fußballspielen gegen Entgelt'[31]. Da der DFB die zur Bundesliga zugelassenen Vereine auf vertraglicher und mitgliedschaftlicher

---

[24] BKartA WuW/E 357, 359 — Berufsboxer.

[25] Siehe auch BKartA WuW/E 357, 359 — Berufsboxer; zustimmend *Benisch* in: Gemeinschaftskommentar, § 27 Rdnr. 4.

[26] Zur Organisation des DFB vgl. unten § 14.

[27] Vgl. die Präambel der DFB-Satzung.

[28] Vgl. § 1 LiSpSt des DFB.

[29] So auch *Jötten*, S. 102 (Fn. 1); *Preis*, Lizenzspieler, S. 32; *Weiland*, S. 271; *Füllgraf*, S. 18 f.

[30] BGH, GRUR 1962, 254, 255; OLG Frankfurt, NJW 1983, 761 ff.; *Vollkommer*, RdA 1982, 16, 25; der DFB sieht die Lizenzspielervereine bei der jährlichen Wirtschaftlichkeitsprüfung als Unternehmen an, vgl. Anhang Nr. 2 zu LSpSt. Nicht behandelt werden soll insoweit aber die Frage, ob die Lizenzspielervereine durch ihre unternehmerische Tätigkeit aufgehört haben, Idealvereine i. S. v. § 21 BGB mit den damit verbundenen Steuervorteilen zu sein, vgl. dazu insbes. *Heckelmann*, AcP 1979, 1, 31, 39 ff.; *Knauth*, Rechtsformverfehlungen bei eingetragenen Vereinen mit wirtschaftlichem Geschäftsbetrieb, Diss. Köln.

[31] So auch LG Frankfurt, Urt. v. 13. 7. 1981 2/6 O 378/81 — SSV Ulm — unveröffentlicht.

Ebene an sich bindet, ist er auch insoweit als ‚Berufsvereinigung' i. S. des § 27 Abs. 1 GWB anzusehen[32].

Gleichwohl hat diese Norm für das Verhältnis zwischen Lizenzspielerverein und DFB geringere Bedeutung, wird es doch den Vereinen letztlich weniger um die Mitgliedschaft im Verband gehen, als um die Erteilung einer Lizenz. Nur die Vereinslizenz berechtigt die Vereine zur Teilnahme an der Veranstaltung ‚Bundesliga'[33]. Für Lizenzstreitigkeiten zwischen DFB und Vereinen war daher bisher allein das Diskriminierungsverbot des § 26 Abs. 2 GWB entscheidend[34].

Für den Bereich des Sportvereins- und -verbandswesens kommt somit § 27 GWB nur zur Anwendung, wenn es sich um ein Aufnahmebegehren handelt, das im Zusammenhang mit der Ausübung von Berufssport steht.

2. *§ 826 BGB*

Liegen die Voraussetzungen des § 27 GWB nicht vor, so kommt unter Anwendung der zum Kontrahierungszwang ermittelten Grundsätze[35] als Anspruchsgrundlage eines Aufnahmeanspruchs § 826 BGB i. V. m. § 249 S. 1 BGB in Betracht.

Die Heranziehung des § 826 BGB beruht auf dem Gedanken, daß derjenige, der ein Monopol innehat, zum Vertragsschluß mit jedem Nachfrager verpflichtet ist. Die Verweigerung der Aufnahme könne sich dann als sittenwidrige Schädigung darstellen, so daß nach dem Grundsatz der Naturalrestitution die Mitgliedschaft herbeigeführt werden müsse. Die Anwendung des § 826 BGB hängt grundsätzlich von drei Voraussetzungen ab. Zunächst muß ein Sittenverstoß vorliegen, durch den einem anderen vorsätzlich Schaden zugefügt wird[36]. Insbesondere die Feststellung eines Sittenverstoßes im Sinne des § 826 BGB ist in der Regel problematisch. Da der schwere und diffamierende Vorwurf eines sittenwidrigen Verhaltens einer sittlichen Ächtung sehr nahe kommt, sollte dieser nur in krassen Fällen eines verwerflichen Rechtsmißbrauchs erhoben werden, bei denen dieser sich unmittelbar aufdrängt. Ausgehend von dem vom Reichsgericht übernommenen Grundsatz, daß eine Verhaltensweise dann moralisch zu mißbilligen ist, wenn sie dem Rechtsgefühl aller billig und gerecht Denkenden wider-

---

[32] *Vollkommer*, RdA 1982, 16, 25; *ders.*, NJW 1983, 726 f.; *Weiland*, S. 270; *ders.*, NJW 1978, 737, 740; *Preis*, DB 1972, 1723, 1726; *Westermann*, Verbandsstrafgewalt, S. 62 f., 111; LG Frankfurt, NJW 1983, 761 ff.

[33] Vgl. § 1 Ziff. 4 LiSpSt des DFB.

[34] Vgl. zuletzt LG Frankfurt, Urt. v. 13. 7. 1981 2/6 O 378/81 — SSV Ulm —; LG Frankfurt, NJW 1983, 761 ff.; *Weiland*, NJW 1978, 737, 738.

[35] *Teubner*, Organisationsdemokratie, S. 266.

[36] *Birk*, JZ 1972, 343, 346.

spricht[37] und dem gesetzlich bei Monopolstellung vorgesehenen Kontrahierungszwang, wurde von der Rechtsprechung der Gesichtspunkt der übermäßigen Ausnutzung einer faktischen Monopolstellung in den Vordergrund gestellt. Sittenwidrig war danach die Ablehnung eines Beitrittsgesuchs bei Machtstellung — Monopolstellung — des beklagten Vereins, soweit der Beitrittswillige die satzungsmäßigen und sonstigen Aufnahmevoraussetzungen erfüllt[38]. Bei § 826 BGB muß sich der Vorsatz auf die sittenwidrige Schadenszufügung selbst beziehen[39]. Ein vorsätzliches Handeln bei der Ablehnung des Beitragswilligen erfordert daher, daß der Verein die Tatsachen kennt, aus denen sich die Sittenwidrigkeit ergibt, ohne sie unbedingt als sittenwidrig bewertet zu haben[40]. Weiterhin muß er bezwecken, den Zurückgewiesenen zu schädigen[41]. Dabei genügt den Anforderungen bereits das Bewußtsein, die Ablehnung könne eine Schädigung des Bewerbers zur Folge haben.

Die Heranziehung des § 826 BGB als Anspruchsgrundlage für die Annahme eines Kontrahierungszwanges ist in der Literatur zu Recht auf erhebliche Kritik gestoßen.

So ist bei § 826 BGB das Kriterium der sittenwidrigen Schädigung für die Begründung eines Aufnahmeanspruchs einerseits als zu grob, andererseits aber auch als zu eng anzusehen. Die Sittenwidrigkeitsformel des Reichsgerichts: „Sittenwidrig ist, was das Anstandsgefühl aller billig und gerecht Denkenden verletzt“[42] kann keine genügende Hilfe bieten[43]. Diese Formel setzt eine Evidenz und einen Konsens voraus, für den heute weniger denn je eine einigende Basis gewährleistet werden kann. Schließlich sind bisher alle Versuche gescheitert, den Begriff der sittenwidrigen Schädigung von subjektiven Komponenten zu entlasten[44]. Gerade bei der Frage eines Aufnahmezwanges kann es weder auf allgemeine Kriterien der Sittenwidrigkeit noch auf die subjektive Komponente im Rahmen der Ablehnung des Aufnahmeantrages an-

---

[37] So erstmals RGZ 48, 114, 124.

[38] BGHZ 21, 1, 8; BGH LM Nr. 3 zu § 38 BGB; BGH, MDR 1960, 109; BGH, NJW 1969, 316; BGHZ 29, 344, 347, 349; BGHZ 63, 282; OLG Düsseldorf, BB 1969, 1126; OLG Hamburg, WuW 1955, 394, 395; LG Berlin, NJW 1962, 206; *Benisch* in: Gemeinschaftskommentar § 27, Rdnr. 24; *Galperin*, Betr. 1969, 704, 705; *Medicus*, Rdnr. 627; *Sauter / Schweyer*, Rdnr. 77; *v. Stechow*, S. 32, 34, 35; *Reichert / Dannecker / Kühr*, Rdnr. 236; ablehnend *Teubner*, Organisationsdemokratie, S. 280.

[39] *Medicus*, Rdnr. 624.

[40] *Medicus*, Rdnr. 624; *Rinck* in: Festschrift Wieacker, S. 476, 480.

[41] BGH, NJW 1963, 150; *Emmerich*, Kartellrecht § 20, 1; *Enneccerus / Lehmann*, § 236 II.

[42] Erstmalig RGZ 48, 114, 124.

[43] Vgl. *Birk*, JZ 1972, 343, 347.

[44] *Birk*, JZ 1972, 343, 347; *Bydlinski*, AcP 180 (1980), 1, 42; *Grunewald*, AcP 182 (1982), 181, 196; BGH, WM 1981, 905.

kommen. Vielmehr ist entscheidend auf die Situation dessen abzustellen, der auf die Aufnahme angewiesen ist[45]. Würde man die strengen Anforderungen des § 826 BGB konsequent anwenden, so müßte der Aufnahmeanspruch stets etwas außergewöhnliches bleiben. In Betracht kämen lediglich Fälle offenbarer Willkür[46].

Zudem ergeben sich Bedenken, ob die Aufnahmepflicht Rechtsfolge der §§ 826, 249 ff. BGB sein kann. § 826 BGB gewährt dem Verletzten lediglich einen Schadensersatzanspruch, also einen Ausgleich für bereits erlittene Nachteile[47]. Mißt man aber dem Schadensersatzanspruch eine Widergutmachungsfunktion[48] bei, so kann die festgestellte Ersatzpflicht nicht identisch mit der Handlungspflicht sein, durch die das absolute Recht, das Schutzgesetz oder der Vertrag unmittelbar bestimmt werden[49].

Man kann einen Kontrahierungszwang über § 826 BGB auch nicht mit dem Hinweis begründen, der Zurückgewiesene brauche den Schadenseintritt nicht abzuwarten, da § 826 BGB neben der Schadensersatzpflicht auch eine Schadensverhütungspflicht postuliere. Eine solche Schadensverhütungspflicht ist aber keine Frage des auf § 249 BGB beruhenden Schadensersatzes, sondern die einer vorbeugenden Unterlassungsklage. Eine solche Klage wiederum wäre aber lediglich auf Unterlassung einer willkürlichen und unbegründeten Behandlung des Aufnahmeanspruchs gerichtet, nicht aber auf die Aufnahme selbst.

Mit gleicher Begründung verbietet sich auch die von Teilen der Literatur[50] vorgenommene Heranziehung des § 1004 BGB als Anspruchsgrundlage für die Begründung eines Kontrahierungszwanges. Diese Norm dient der Wahrung eines bereits bestehenden Besitzstandes und schützt diesen vor Eingriffen. Ein Kontrahierungszwang führt demgegenüber zur Erweiterung des Rechtsbereichs des Anspruchsberechtigten[51].

---

[45] So auch *Grunewald*, AcP 182 (1982), 181, 196.

[46] So ausdrücklich RGZ 133, 388, 393.

[47] Vgl. §§ 249 ff. BGB; dazu auch *Larenz*, Schuldrecht BT, § 76.

[48] *Medicus*, BGB, Rdnr. 628.

[49] *Henckel*, AcP 174 (1974), 97, 110.

[50] So u. a. *Kilian*, AcP 180 (1980), 47, 82; *Otto*, Personale Freiheit und soziale Bindung, S. 36, 145; *K. Schmidt*, DRiZ 1977, 97, 98; wohl auch LG Dortmund, NJW 1973, 2212.

[51] *Grunewald*, AcP 182 (1982), 181, 197; *Werner*, S. 586 f.

§ 10 Das Gleichbehandlungsgebot als Grundlage der Vereinsaufnahmepflicht

I. Die Voraussetzungen einer Aufnahmepflicht der Vereinigungen aus dem Gleichbehandlungsgebot

Die voranstehenden Ausführungen[1] lassen die Schlußfolgerung zu, daß im allgemeinen Vereins- und Verbandswesen weder § 826 BGB noch § 27 GWB als Grundlagen eines allgemeinen Vereinsaufnahmeanspruchs Anwendung finden können. Wenn die Rechtsprechung[2] trotzdem in Anlehnung an die genannten Normen das Bestehen eines solchen Anspruchs annimmt, so soll dadurch lediglich die willkürliche Ausübung einer Machtposition verhindert werden. Es besteht nach Ansicht des BGH bei einer Monopolstellung der die Aufnahme verweigernden Vereinigung die Gefahr der mißbräuchlichen Ausnutzung einer Machtposition; in einem solchen Fall dürfe die Ablehnung nicht zu einer „sachlich nicht gerechtfertigten ungleichen Behandlung und unbilligen Benachteiligung eines die Aufnahme beantragenden Bewerbers führen"[3]. Mit dieser Argumentation führt die Rechtsprechung den Aufnahmeanspruch letztlich auf das Willkürverbot zurück, dem Monopolvereinigungen unterliegen.

Der Gleichheitssatz fordert, Gleiches gleich und Ungleiches ungleich zu behandeln. Ist es somit negativ als Willkürverbot anzusehen, so gebietet er positiv die Pflicht zu sachgemäßer Gleichbehandlung[4].

Der Grundsatz der Gleichbehandlung ist als allgemeines, die gesamte Rechtsordnung durchdringendes Prinzip anerkannt[5]. Seine Rechtfertigung findet er im allgemeinen Gerechtigkeitsgebot, da Gerechtigkeit im Einzelfall nur durch Gleichbehandlung verwirklicht werden kann[6]. Daher wird der Gleichbehandlungsgrundsatz auch nicht aus Art. 3 GG abgeleitet[7], sondern in dieser Verfassungsnorm kommt gerade dieser überpositive Grundsatz zum Ausdruck; Art. 3 GG positiviert den Gleich-

---

[1] Vgl. die Ausführungen § 9.

[2] Vgl. dazu oben § 8 II.

[3] BGHZ 63, 282, 285; vgl. dazu auch *Buchner* in: Verbände und europäische Integration, S. 9, 12 f.

[4] BVerfGE 4, 7 ,18; 35, 58, 135; *Enneccerus / Nipperdey*, § 33 V 2 Fn. 29; BGH, JZ 1968, 281.

[5] BVerfGE 6, 84; BGH, NJW 1970, 817; BGH, NJW 1971, 879; *Bodenheimer*, AcP 158 (1958), 95, 96; *Brecher* in: Festschrift Nipperdey II, S. 41; *Flume* in: Festschrift DJT 1960, S. 140; *Habscheid*, AcP 158 (1958), 368, 372; *Jötten* S. 117; *Larenz*, Schuldrecht AT, §§ 4 IV 3; *Leibholz*, Gleichheit, S. 248; *G. Hueck*, S. 106, 249 ff., 268 ff.; *Steindorff*, AcP 158, 431, 433; *Werner*, S. 609; *Wieacker* in: Festschrift DJT 1960, S. 12; *M. Wolf* in: Festschrift Raiser, S. 597.

[6] So mit Beispielen *Perelman*, Rechtstheorie 1979, 385 ff., 390.

[7] So aber LG Berlin, NJW 1962, 206, 207.

behandlungsgrundsatz[8]. Handelt es sich somit aber nicht um die unmittelbare Anwendung dieser Verfassungsnorm, sind Fragen der Drittwirkung von Grundrechten[9] nicht berührt.

Durch den Gleichheitssatz soll die Gleichbehandlung der einzelnen Individuen herbeigeführt werden. Dient er somit aber den Interessen der Individuen, so handelt es sich dabei um ein subjektives Recht i. S. eines Anspruchs auf Gleichbehandlung[10]. Dieser Anspruchscharakter ist heute im öffentlichen wie im privaten Recht unbestritten[11]. Kodifiziert ist der Gleichheitsgrundsatz in den Diskriminierungsverboten der §§ 26 Abs. 2, 27 GWB; wesentliche Bedeutung wird diesem Grundsatz im Arbeitsrecht beigemessen.

Auch im Vereins- und Verbandsrecht ist insbesondere wegen § 35 BGB bei bereits bestehenden Mitgliedschaftsverhältnissen das Verbot der Ungleichbehandlung der Mitglieder und das Gebot der Gleichbehandlung unbestritten[12]. Danach haben innerhalb des Vereins alle Mitglieder im Prinzip gleiche Rechte und Pflichten; Differenzierungen zwischen Mitgliedsgruppen müssen jedenfalls sachlich gerechtfertigt sein[13].

Der Gleichbehandlungsgrundsatz schirmt somit den Rechtsstatus eines Mitglieds vor gezielter oder tatsächlicher ungerechtfertigter ungleicher Beeinträchtigung ab[14]. Der Grund für den Ausschluß der Privatautonomie und der damit verbundenen Einschränkung der Vereinsautonomie liegt im besonderen Verhältnis der Korporation zu den Mitgliedern; der Verein, d. h. die Vereinsorgane haben gegenüber den Mitgliedern eine Machtposition inne. Bei einer ungleichen Machtverteilung bedarf der Schwächere aber des Schutzes. Zur Gewährleistung der Gerechtigkeit ist daher der Gleichbehandlungsgrundsatz als subsidiäres „Ordnungs- und Auslegungsprinzip“ innerhalb des Vereins- und Verbandswesens anerkannt[15]. Geltungsgrund ist die aufgrund von Machtungleichheit nicht mehr gewährleistete Chancengleichheit. Innerhalb des Vereins- und Verbandswesens findet der Gleichbehandlungsgrund-

---

[8] BGHZ 11, 34, 64; *G. Hueck*, S. 96; *Werner*, S. 610.

[9] Vgl. dazu die Ausführungen oben 2. Kapitel §§ 6, 7.

[10] *Werner*, S. 608.

[11] Vgl. nur BAG, Betrieb 1975, 551, 552; BGH, NJW 1970, 1917; *Jötten*, S. 122; *Meyer-Cording* in: Festschrift Nipperdey II, S. 538; *M. Wolf* in: Festschrift *Raiser*, S. 597, 603.

[12] BVerfGE 6, 84; BGHZ 47, 381, 385 f.; BGH, LM Nr. 2 zu § 39 BGB; BGH, WPM 1971, 538, 541; *Bodenheimer*, AcP 158 (1958), 93, 95; *Habscheid*, AcP 158 (1958), 368, 372; *Jötten*, S. 117; *Lohbeck*, MDR 1972, 381, 382; *Lutter*, AcP 180 (1980), 84, 127; *Märkle*, S. 63; *Müller-Erzbach*, S. 2, 68 - 79; *Reichert / Dannecker / Kühr*, Rdnr. 222, 252 - 258; *Reuter*, ZGR 1980, 101, 105; *Flume* in: Festschrift Böttlicher, S. 101, 121 f.; *Werner*, S. 613.

[13] *Staudinger / Coing*, § 35 Rdnr. 13 a.

[14] *Jötten*, S. 117; *Hueck*, S. 226 f., 287 ff.

[15] *Hueck*, ebd.

satz daher unmittelbar immer nur dann Anwendung, wenn diese Chancengleichheit nicht mehr gewährleistet ist.

Aber auch beim Vereinsaufnahmeverfahren kann grundsätzlich zwischen dem Beitrittswilligen und dem Verein durch ungleiche Machtverteilung die Abschlußfreiheit bedroht sein. Nutzt der Verein gegenüber dem Bewerber seine Machtposition willkürlich aus, so bedarf es auch hier eines Schutzes des schwächeren Teils.

Häufig erfolgt im Zivilrecht der Schutz des Schwächeren durch spezielle gesetzliche Regelungen wie beispielsweise den Kartellvorschriften und dem Gesetz über Allgemeine Geschäftsbedingungen. Fehlt es aber an Spezialvorschriften, so wird der freie Raum durch allgemeine Rechtsprinzipien ausgefüllt, zu denen der Gleichbehandlungsgrundsatz mit seinem Gleichbehandlungsgebot gehört[16].

Für das Aufnahmeverfahren fehlen aber im Vereins- und Verbandswesen weitestgehend spezielle gesetzliche Regelungen. So findet § 27 GWB beispielsweise nur bei Berufsvereinigungen Anwendung[17]. Über diesen Spezialfall hinaus muß aber, ist die Gleichgewichtigkeit der Vertragspartner nicht gewährleistet, für den Vereinsaufnahmeanspruch auf allgemeine Rechtsprinzipien zurückgegriffen werden. In diesem Bereich erlangt daher der Gleichbehandlungsgrundsatz seine volle Wirkung[18]. Zur Gewährleistung der Chancengleichheit und damit der Gerechtigkeit wird dieser Grundsatz durch die allgemeine Vertragsfreiheit nicht verdrängt.

Als Voraussetzung eines Aufnahmeanspruchs aus dem Gleichbehandlungsgebot ist damit das Bestehen eines Machtgefälles zwischen dem Beitrittswilligen und dem Verein anzusehen; zwischen den Parteien muß zu Lasten des Bewerbers die Gleichgewichtigkeit als Vertragspartner nicht gewährleistet sein. Ist dies der Fall, so gebietet es das allgemeine Gerechtigkeitsgebot, daß der schwächere Vertragspartner vor willkürlicher und beliebiger Ausnutzung der Machtposition geschützt wird.

Im Vereins- und Verbandswesen besteht ein Aufnahmeanspruch daher immer nur dann, wenn im Einzelfall eine Machtposition der Vereinigung gegenüber dem Beitrittswilligen festgestellt werden kann. Kriterien für das Vorliegen einer solchen Machtposition sollen am Beispiel des Sports[19] erörtert werden.

---

[16] *Werner*, S. 622.

[17] Vgl. die Ausführungen oben § 9 II 1.

[18] *Bodenheimer*, AcP 58 (1958), 94; *Werner*, S. 622.

[19] Allg. zu Machtpositionen im Vereins- und Verbandswesen *Werner*, S. 319 ff.

II. Machtpositionen der Vereine im Bereich des Sports

Die Frage, ob Vereinigungen eine Machtposition im dargestellten Sinne inne haben, wird wesentlich durch die Situation des Beitrittswilligen bestimmt. Ist für das Nichtmitglied zur Verwirklichung seiner Interessen, seien sie beruflicher oder aber privater Art, gerade die Mitgliedschaft in einem bestimmten Verein erforderlich, so besitzt die Vereinigung hinsichtlich der Aufnahme eine Machtposition gegenüber dem Beitrittswilligen. Inwieweit dieser mangels konkurrierender Angebote auf die Mitgliedschaft in einem bestimmten Verein angewiesen ist, wird im wesentlichen von den Leistungen des Vereins und den zumutbaren Ausweichmöglichkeiten abhängen.

Die wesentlichen Leistungen der Vereine und Verbände sind nur Mitgliedern zugänglich; so stehen die Vereins- bzw. Verbandseinrichtungen zumeist auch nur Mitgliedern offen. Sie allein haben zudem das Recht, das Vereinsleben aktiv mitzugestalten, die Vorteile der Interessenwahrung durch die Vereine zu nutzen und auch daran mitzuwirken.

Beispielsweise ist es im Bereich des Sports nur theoretisch möglich, eine Sportart außerhalb von Vereinen wettkampfmäßig zu betreiben. Erste Schwierigkeiten ergeben sich schon daraus, geeignete nicht vereinsgebundene Mitinteressen und Gegner zu finden; darüber hinaus scheitert die sportliche Betätigung häufig an fehlenden Sportstätten und Geräten. Da nicht vereinsgebundene Gruppen kaum die Möglichkeit haben, Sportplätze und -hallen der Kommunen zu akzeptablen Zeiten zu erhalten, mangelt es an geeigneten Trainingsmöglichkeiten. Allenfalls bei Individualsportarten und bei Freizeitspielgruppen ist die vereinsfreie sportliche Betätigung denkbar. Hier fehlt es aber dann an der fachlichen Betreuung und der Möglichkeit, sich mit Gleichgesinnten sportlich zu messen. Bei Spielgruppen ist aber häufig der Wunsch festzustellen, auch Wettspiele mit anderen Gruppen zu bestreiten. Der Sport lebt vom Wettkampf. Dazu bedarf es dann aber technischer und insbesondere organisatorischer Unterstützung, die meist nur durch die Fachverbände erfolgen kann.

Schließlich wird es aber an geeigneten Gegnern fehlen. Die Sportverbände drohen in ihren Satzungen den Mitgliedsvereinen und deren Mitgliedern mit einer Bestrafung bzw. sogar mit dem Ausschluß für den Fall, daß diese zusammen mit Nichtmitgliedern Sportwettkämpfe organisieren. So heißt es in § 11 a der Spielordnung des DFB:

„Unzulässiger Spielbetrieb
Spieler, Schiedsrichter, Trainer und Mitglieder von Vereinen der Mitgliedsverbände, die an Spielen oder fußballsportähnlichen Wettbewerben außerhalb des Spielbetriebes des DFB und seiner Mitgliedsverbände teilnehmen wollen, bedürfen hierzu der Genehmigung. Gleiches gilt für die Mitwir-

kung an der Vorbereitung und Durchführung derartiger Veranstaltungen ...[20]."

Entsprechende Bestimmungen finden sich auch bei Einzelsportarten. So können nach der Strafordnung des Deutschen Ringerbundes e. V. gegen diejenigen Angehörigen des Verbandes Strafen ausgesprochen werden, die:

„§ 40. Gegen Vereine oder in Ländern, die durch die FILA oder den Verband gesperrt oder ausgeschlossen sind oder diesem nicht angehören oder mit einem allgemeinen Startverbot belegt werden, Kämpfe austragen ...[21]."

Schon diese Beispiele verdeutlichen, daß die organisierten Vereine und Sportler kaum zu Vergleichskämpfen mit Nichtorganisierten bereit sein werden. Will der Einzelne Sport intensiv, insbesondere wettkampfmäßig betreiben, so wird er sich der Organisation der speziellen Sportfachverbände anschließen müssen. Gleiches gilt auch für den einzelnen Sportverein.

Eingebettet in eine internationale Verbandshierarchie nehmen die Sportfachverbände für ihren speziellen Bereich eine monopolartige Stellung ein. Für den Einzelnen, aber auch für den beitrittswilligen Verein, ist neben der Anerkennung des Spitzenverbandes durch staatliche und nichtstaatliche, nationale und internationale Stellen der organisatorische Aufbau wesentlich. So muß derjenige Beitrittswillige, der wettkampfmäßig Fußball spielen will, sich zwangsläufig der Organisation des Deutschen Fußball-Bundes anschließen. Aus der Tatsache, daß Ende 1984 am Spielbetrieb dieses Verbandes fast 21 000 Vereine mit ca. 4,7 Mill. Mitgliedern beteiligt waren[22], läßt sich unmittelbar die Schlußfolgerung ziehen, daß neben dieser Organisation nicht einmal auf örtlicher Ebene ein relevanter Spielbetrieb möglich ist. Die Anhänger dieser Sportart sind bereits weitestgehend in diesem Verband organisiert. Damit liegt zumindest für die beitrittswilligen Vereine eine Machtposition der Sportfachverbände vor.

Das Individuum hat demgegenüber auf lokaler Ebene grundsätzlich eine Wahlmöglichkeit zwischen verschiedenen Sportvereinen. Diese Freiheit wird aber schon durch die unterschiedlichen Angebote der Vereine eingeschränkt. Zumeist haben diese sich auf bestimmte Sportarten spezialisiert, so daß unter Berücksichtigung des unterschiedlichen sportlichen Niveaus die Wahl für das Nichtmitglied bereits eingeschränkt sein kann.

Aus der Sicht des Beitrittswilligen kann schließlich auch die soziale Struktur innerhalb des Vereins von wesentlicher Bedeutung sein[23]. So

[20] Auszug aus § 11 a Spielordnung des DFB.

[21] Auszug aus § 40 der Strafordnung des Deutschen Ringerbundes e. V.

[22] Quelle: Amtliche Mitteilungen dese DFB 9/1984, S. 4.

[23] *Werner*, S. 340.

bestehen einzelne Tennis- und Golfvereine, in denen der finanzielle Status der Mitglieder entscheidend ist; andererseits gibt es typische Arbeitersportvereine, in denen Selbständige kaum integrierbar sind. Schließlich wird auch schon durch die Namensgebung der Vereine wie „Akademischer Ruderverein", „Universitätssportclub", „Eisenbahnersportverein" oder „Seglerkollektiv Roter Anker" nur ein bestimmter Personenkreis angesprochen.

Wesentlich für den Beitrittswilligen ist schließlich die Überlegung, welche zeitlichen und finanziellen Aufwendungen mit dem Anfahrtsweg zum Vereinsgelände verbunden sind. Liegt beispielsweise der Sportplatz in unmittelbarer Nähe der Wohnung, so spricht dies gegen die Mitgliedschaft in Vereinen anderer Stadtteile.

Faßt man die vorstehenden Gesichtspunkte zusammen, so ist meist der Markt der dem Beitrittswilligen zur Wahl stehenden Vereine eingeschränkt; häufig ist schon insoweit eine Alleinstellung und damit das Vorliegen einer Machtposition gegenüber dem Bewerber anzunehmen.

Machtpositionen von Vereinigungen sind aber nicht nur auf rechtliche oder faktische Monopolstellungen beschränkt. So beruht beispielsweise die Machtposition von Oligopolen[24] auf einer Abhängigkeit der Marktgegenseite aufgrund unvollständiger oder fehlender Konkurrenz[25]. Gerade im Vereinswesen finden sich häufig Vereine, die sich gegenüber Beitrittswilligen durch gleichförmige Aufnahmebedingungen[26] untereinander nicht in Konkurrenz setzen. Nicht selten beruht dies allein auf der Tatsache, daß die Dachverbände für ihre Mitgliedsvereine im wesentlichen verbindliche Satzungen vorschreiben[27]. Bei einem derart gleichförmigen Verhalten besteht dann aber für den Beitrittswilligen keine reale Wahlmöglichkeit. Liegt ein solcher Sachverhalt vor, so ist regelmäßig von der Machtposition der Vereinigung auszugehen, deren Mitgliedschaft der Beitrittswillige erstrebt.

III. Inhalt eines Vereinsaufnahmeanspruchs aus dem Gleichbehandlungsgebot

Bei Ungleichgewichtigkeit der Vertragspartner ist es ‚Aufgabe' des Gleichbehandlungsgrundsatzes, die Wiederherstellung des Gleichgewichts und damit der Gerechtigkeit zu gewährleisten. Ist aufgrund der Machtposition der die Aufnahme des Beitrittswilligen ablehnenden

---

[24] Zum Begriff vgl. *Mestmäcker* in: Immenga / Mestmäcker, § 24 Rdnrn. 38 ff.; *Werner*, S. 229 ff.

[25] *Meyer-Cording*, Monopol und Marktbeherrschung, S. 23; *Werner*, S. 352.

[26] *Meyer-Cording*, Monopol und Marktbeherrschung, S. 14.

[27] *Schmitt*, Kartellverfahrensrecht,, S. 66; *Werner*, S. 353.

Vereinigung die Vertragsfreiheit gefährdet, findet der Gleichheitssatz zur Durchsetzung des Aufnahmeanspruchs Anwendung.

Inhaltlich fordert das Gleichbehandlungsgebot die Gleichbehandlung gleicher Tatbestände. Negativ wird damit verboten, gleichgelagerte Tatbestände aus sachfremden Erwägungen unterschiedlich zu beurteilen. Für das Vereinsaufnahmeverfahren bedeutet dies, daß durch das Gleichbehandlungsgebot lediglich diejenigen Beitrittswilligen ihren Anspruch durchsetzen können, die ungerechtfertigt zurückgewiesen, d. h. diskriminiert werden[28]. Demgegenüber sind sachliche Unterscheidungen zulässig. Ob und inwieweit eine Ungleichbehandlung sachlich gerechtfertigt ist, muß unter Berücksichtigung des Vereinszwecks und des Interesses aller Mitglieder geprüft werden[29]. Die Prüfung selbst entspricht weitgehend derjenigen, die bei einer Anwendung des § 27 GWB in Betracht kommt. Ob insoweit eine sachlich nicht gerechtfertigte Ungleichbehandlung vorliegt, ergibt sich zunächst aus einem Vergleich des Beitrittswilligen mit den bereits aufgenommenen Mitgliedern. Dabei ist die ständige Aufnahmepraxis der Vereinigung[30] letztlich entscheidend. So kann sich die Korporation nicht auf die einer Aufnahme entgegenstehenden Satzungsbestimmungen berufen, wenn sie diese bei anderen Aufnahmeverfahren bisher nicht berücksichtigt hat.

Dabei kann eine in der Ablehnung des Aufnahmeantrages liegende Ungleichbehandlung aus zwei Gründen[31] gerechtfertigt sein: Der Beitrittswillige erfüllt die durch die Vereinssatzung, die Aufnahmepraxis oder durch den Vereinszweck fixierten generellen Aufnahmevoraussetzungen nicht; oder aber, es stehen der Aufnahme trotz Vorliegen dieser Voraussetzungen sonstige, insbesondere individuelle Besonderheiten des Bewerbers entgegen.

Dabei ist grundsätzlich festzustellen, ob die Aufnahmevoraussetzungen bzw. die ständige Aufnahmepraxis nicht bereits aus sich heraus diskriminierend sind[32]. Im Rahmen der Prüfung eines Aufnahmeanspruchs unterliegen diese daher einer Inhaltskontrolle. Nur soweit die einer Aufnahme des Bewerbers entgegenstehenden Gründe unter besonderer Berücksichtigung der durch Art. 9 I GG geschützten Interessen der Vereinigung sachlich gerechtfertigt sind[33], darf die Vereinsaufnahme im Ergebnis wirksam versagt werden.

---

[28] *Friauf,* DVBl 1966, 737; *Ipsen,* VVDStRL 25 (1967), 303; *v. Münch,* AöR 85 (1960), 290 f., 295; *Werner,* S. 623; *Zacher,* VVDStRL 25 (1967), 369.

[29] *Werner,* S. 623; BKA WuW/E B Kart. A 455.

[30] BKA WuW/E B Kart. A 827, 935 — Intimartikelversand —.

[31] *Markert* in: Immenga / Mestmäcker, GWB § 27 Rdnr. 18.

[32] So schon BGH, NJW 1969, 316 — Universitätssportclub —; BGHZ 63, 282 — Rad- und Kraftfahrerbund —; BGH WuW/E BGH 1725/1727 — Landseer Club —; h. M. im Schrifttum vgl. insbes. *Fuchs,* NJW 1965, 1509 ff.; *Nicklisch,* JZ 1976, 105 ff.

[33] BGH, NJW 1969, 316 — Universitätssportclub —; BGHZ 56, 327, 335 —

Durch den Gleichbehandlungsgrundsatz erhält der Beitrittswillige somit keinen absoluten Aufnahmeanspruch gegenüber der Vereinigung; sein Antrag ist lediglich nach den gleichen sachlich gerechtfertigten Kriterien zu prüfen, die der ständigen Praxis der Vereinigung entsprechen. Somit handelt es sich um einen relativen Aufnahmeanspruch, der aber frei von Verschuldensmerkmalen ist[34].

IV. Zusammenfassung

Für den Bereich des Sportvereins- und -verbandswesens führt die Anerkennung eines Aufnahmeanspruchs aus dem Gleichbehandlungsgrundsatz letztlich zu dem gleichen Ergebnis, zu dem auch die Rechtsprechung auf dem Wege der Rechtsfortbildung kommt[35]. Es ist damit möglich, die von der Rechtsprechung an einen Aufnahmeanspruch gestellten Voraussetzungen auf eine dogmatisch gesicherte Grundlage zurückzuführen, so daß es nicht mehr des noch vom OLG Frankfurt[36] in einer jüngeren Entscheidung beschrittenen Weges über § 826 BGB unter Heranziehung der Tatbestandselemente des § 27 GWB bedarf.

Dabei ist das so entwickelte Ergebnis auch nicht neu. Bereits im Jahre 1901 hat das Reichsgericht[37] in einer grundlegenden Entscheidung zum Kontrahierungszwang das Gleichbehandlungsgebot als Anspruchsgrundlage herangezogen.

Die Anwendung des Gleichbehandlungsgrundsatzes als eigentliche Grundlage eines Aufnahmeanspruches hat auch keine wesentliche Änderung der bestehenden Rechtsprechung zur Folge. Schon jetzt sind die Vereinigungen verpflichtet, Bewerber gegenüber bereits aufgenommenen Mitgliedern nicht sachlich ungerechtfertigt ungleich zu behandeln und unbillig zu benachteiligen[38]. Gegenüber der bisherigen Rechtsprechungspraxis bietet der hier beschrittene Lösungsweg zudem die Möglichkeit, die Entscheidung über den Aufnahmeanspruch nicht allein vom Kriterium des Monopolvereins, sondern entscheidend von der individuellen Situation des Aufnahmewilligen, sei es nun eine Einzelperson oder aber ein Verein, abhängig zu machen. Dieser Gesichtspunkt wurde von der bisherigen Rechtsprechung nicht immer ausreichend berücksichtigt.

Verbandszeitschrift —; BGH, NJW 1980, 186, 187 — Anwaltsverein —; *Fuchs*, NJW 1969, 1509 ff.; *Markert* in: Immenga / Mestmäcker, GWB § 27 Rdnr. 18; *Nicklisch*, JZ 1976, 105 f.

[34] Im Ergebnis ebenso *Werner*, S. 623 f.

[35] Vgl. dazu die Ausführungen oben § 8 II.

[36] OLG Frankfurt, WRP 1983, 35, 37 — Aikido —.

[37] RGZ 48, 114.

[38] BGHZ 63, 268, 285 — Rad- und Kraftfahrerbund —; dazu auch *Birk*, JZ 1972, 343.

Im Ergebnis können daher auf der Grundlage des Gleichbehandlungsgrundsatzes Aufnahmeansprüche sowohl gegenüber kleineren Vereinen als auch gegenüber mächtigen Verbänden durchgesetzt werden. Damit bietet der hier aufgezeigte Lösungsweg die Möglichkeit, durch die grundsätzliche Anerkennung eines Aufnahmeanspruchs ein Kontrollinstrumentarium für das gesamte Sportvereins- und -verbandswesen zu schaffen.

Viertes Kapitel

Das Vereinsstrafverfahren und der Vereinsausschluß im Bereich des Sports

Als Gegenstück zu einer erzwungenen Vereinsaufnahme ist der Vereinsausschluß anzusehen. Die zuvor erörterten Gedanken zur Vereinsaufnahme[1] würden ad absurdum geführt, könnte ein Verein die gerichtlich durchgesetzte Aufnahme eines Bewerbers anschließend durch einen nicht nachprüfbaren willkürlichen Vereinsausschluß umgehen. Da der Vereinsausschluß regelmäßig als Vereinsstrafe anzusehen ist, ist es zur Bestimmung der Grenzen der Vereinsautonomie erforderlich, auf die Strafgewalt der Vereine einzugehen. Dabei erscheint neben grundsätzlichen Fragen zur Zulässigkeit von Vereinsstrafen das Problem der gerichtlichen Überprüfbarkeit derselben von wesentlicher Bedeutung.

§ 11 Das Vereinsstrafwesen

Jeder Verein muß von seinen Mitgliedern ein bestimmtes Verhalten fordern können, das ein sinnvolles Zusammenwirken und eine erfolgreiche Zweckerreichung ermöglicht. Zu diesem Zweck werden Vereinsordnungen aufgestellt, deren Einhaltung durch die Festsetzung von Vereinsstrafen gesichert wird. Allein im Bereich der bundesdeutschen Fußballverbände werden nach einer Schätzung Schlossers[2] jährlich rund 150 000 Strafen verhängt.

In Rechtsprechung und Lehre besteht Einigkeit darüber, daß Vereine grundsätzlich zur Verhängung von Sanktionen bei Verletzung ihrer Vereinsordnungen berechtigt sind[3]. Nach wie vor umstritten ist aber einerseits die Rechtsnatur der Vereinsstrafe, andererseits der Umfang der gerichtlichen Nachprüfbarkeit[4].

---

[1] Vgl. oben § 10.

[2] *Schlosser*, Vereinsgerichtsbarkeit, S. 20.

[3] *Meyer-Cording*, Vereinsstrafe, S. 53 ff.; *ders.*, JZ 1959, 640; *Schlosser*, MDR 1967, 864 ff.; *Habscheid* in: Sport und Recht (1972), S. 158 ff.; *Baumann*, S. 28 f.; *Larenz*, BGB AT; *Palandt / Heinrichs*, § 25 Rdnr. 5 d; *Steffen* in: RGRK § 25 Rdnrn. 13, 18; *Soergel / Schmidt*, § 338 Rdnr. 6; RGZ 49, 50; BGH, MDR 1967, 908; BGHZ 21, 370, 372 ff.

[4] Vgl. dazu unten § 13.

Der dogmatische Streit um die Rechtsnatur der Satzung[5] führt bei der Bestimmung der Rechtsnatur der Vereinsstrafe zu unterschiedlichen Ergebnissen. Die Anhänger der Vertragstheorie[6] ordnen die Vereinsstrafe weitgehend unter die Regelungen des BGB zu Vertragsstrafen[7, 8]. Die Anhänger der Normentheorien, denen hier gefolgt wird[9], sehen in der Vereinsstrafe den Ausspruch eines sozialen Unwerturteils, der auch andere Mitglieder abschrecken soll. Die Vereinsstrafe ist daher im folgenden als „Ordnungsstrafe disziplinärer Art einzustufen[10]".

I. Die Thesen Flumes

Grundsätzlich gegen die Zulässigkeit von Vereinsstrafen hat sich nur Flume[11] ausgesprochen. Ausgehend von der Überlegung, daß das Satzungsrecht zwar Vereinsverwaltung, aber nicht Sanktionen zulasse, vertritt er die Ansicht, daß derartige Strafen generell nur der sozialen Herabwürdigung des betroffenen Mitgliedes dienen sollen. Wer Vereinsstrafen für statthaft erachte, legitimiere gleichzeitig den Verein zu Unwerturteilen über seine Mitglieder. Solche, die Ehre des Mitglieds betreffenden Maßnahmen, hätten aber mit den eigentlichen Vereinsangelegenheiten nichts zu tun. Der Verein könne nicht über die Ehre seiner Mitglieder verfügen[12]. Flume schlägt vor, das Vereinsausschlußverfahren durch eine werturteilsfreie Kündigung des Mitgliedschaftsverhältnisses zu ersetzen. Da der Verein auch keine unmittelbare Gewalt über das Vermögen der Mitglieder habe, seien Geldstrafen, zudem ebenfalls Ehrenstrafen, auch unzulässig[13].

In der Literatur sind die Thesen Flumes weitgehend auf Kritik gestoßen[14]. Geht man mit dem Reichsgericht davon aus, daß Vereine „eine auf Dauer angelegte Verbindung einer größeren Anzahl von Personen zur Erreichung eines gemeinsamen Zwecks"[15] bilden, so ist es unvermeidlich, bei Verstößen gegen die zur Zweckerreichung aufgestellten Vereinsordnungen Unwerturteile zu treffen[16]. Die Thesen Flumes hät-

---

[5] Vgl. dazu oben § 3.

[6] Vgl. oben § 3 I.

[7] §§ 339 ff. BGB, dazu auch unten § 16 I 2.

[8] Vgl. dazu auch *Habscheid* in: Sport und Recht (1972), S. 158, 161.

[9] Vgl. hinsichtlich der Begründung die Ausführungen oben § 3 III.

[10] So *Habscheid* in: Sport und Recht (1972), S. 158, 161 m. w. N.

[11] *Flume* in: Festschrift Bötticher, S. 101 ff.

[12] *Flume* in: Festschrift Bötticher, S. 125.

[13] *Flume* in: Festschrift Bötticher, S. 128.

[14] Vgl. u. a. *Bötticher,* ZfA 1970, 47 ff.; *Larenz,* BGB AT § 10 I; *Preis,* S. 94 f.; *Schlosser,* Vereinsgerichtsbarkeit, S. 44 ff.; *Habscheid* in: Sport und Recht (1972), S. 162; *Weiland,* S. 127 f.; *Westermann,* Verbandsstrafgewalt, S. 39 f.

[15] Zitat: RGZ 60, 94, 99.

[16] *Baecker,* NJW 1984, 906.

ten folglich zur Konsequenz, daß den Vereinen jegliche Möglichkeiten zur Lösung ihrer Innenkonflikte genommen würden. Den Vereinen würde zudem die erforderliche Chance zur endgültigen Selbstregulierung und -verwaltung[17] fehlen.

Darüber hinaus ist auch nicht einzusehen, inwieweit eine Kündigung als Folge eines schwerwiegenden Verstoßes weniger herabwürdigend sein soll, als der Vereinsausschluß. Auch bei der Kündigung muß ein vereinsinternes Vorverfahren durchgeführt werden; dadurch erhalten die Vereinsmitglieder und damit die Öffentlichkeit dann aber doch Kenntnis von der Kündigung. Wie bei einem Vereinsstrafverfahren ist damit aber allen Beteiligten der Zusammenhang zwischen Verstoß und Reaktion evident[18]. Das Unwerturteil selbst wird dann aber von der Öffentlichkeit gefällt[19]. Insoweit ist m. E. weniger die Frage entscheidend, ob es sich um eine Kündigung oder um eine Vereinsstrafe handelt, als Art und Umfang der Information Dritter. Auch Flume selbst sieht Schwierigkeiten bei der Verwirklichung seiner Überlegungen. Mir erscheinen zudem die Ergebnisse Flumes, ähnlich den meisten Untersuchungen zum Vereinsstrafwesen, überwiegend von dem Ziel getragen, die Vereinsstrafe einer völligen gerichtlichen Nachprüfung auch bei Anerkennung einer Vereinsautonomie zugänglich zu machen[20]. Der von Flume eingeschlagene Weg ist aber insoweit wenig hilfreich.

II. Verfassungsrechtliche Bedenken

In neuerer Zeit sind unter verfassungsrechtlichen Gesichtspunkten Bedenken gegen ein Vereinsstrafverfahren erhoben worden[21]. Das in Art. 92 GG verankerte staatliche Rechtsprechungsmonopol sowie das Verbot von Ausnahmegerichten und der Anspruch in Art. 101 GG auf den gesetzlichen Richter würden eine „private" Straf- und Disziplinargewalt durch Verbände verbieten[22]. Art. 92 GG richte sich gegen jeden, der sich Rechtsprechungsbefugnisse anmaßt[23]. Es sei „sinnlos, dem Staat ein Rechtsprechungsmonopol zuzuerkennen, das er gar nicht auszuüben vermöge, weil bereits Privatpersonen eine faktisch bindende Entscheidung treffen"[24].

---

[17] *Vieweg*, JZ 1984, 167 ff.

[18] *Bötticher*, ZfA 1970, 48 f.; *Weiland*, S. 129; *Westermann*, Verbandsstrafgewalt, S. 43.

[19] *Habscheid* in: Sport und Recht, (1972), S. 158, 162.

[20] *Müller-Erzbach*, S. 324 f.; kritisch dazu *Meyer-Cording*, Vereinsstrafe, S. 56.

[21] Vgl. u. a. *Burmeister*, DÖV 1978, 1 f., 8; *Dütz*, S. 87 ff. m. w. N.; *Zöllner*, ZZP 83 (1970), 365 f., 379.

[22] Ebd.

[23] *Baur*, JZ 1965, 163, 164.

[24] Ebd.

Zunächst ist schon fraglich, ob Art. 92 GG nicht lediglich als Organisationsnorm in Abgrenzung zur Verwaltungstätigkeit zu verstehen ist und damit in Verbindung mit Art. 20 Abs. 2 GG Kompetenzfragen innerhalb der Staatsgewalt betrifft[25].

Darüber hinaus ist aber festzustellen, daß sich private Gerichtsbarkeit dadurch unterscheidet, daß in ihr nicht staatlich eingesetzte Richter, sondern Privatpersonen mit der Konfliktentscheidung betraut sind. Die Entscheidungsmacht dieser ohne staatliche Autorität bestellten Richter ergibt sich dabei allein aufgrund privatautonomer Vereinbarung der beteiligten Parteien, sei sie nun vertraglich oder satzungsmäßig[26]. Rechtsprechende Gewalt im Sinne des Art. 92 GG ist demgegenüber allein nur staatliche Gerichtsbarkeit[27]. Darüber hinaus mangelt es regelmäßig dem eine Strafe aussprechenden Vereinsorgan an der erforderlichen Neutralität. Unter Rechtsprechung ist eine Sachentscheidung durch einen unabhängigen Dritten zu verstehen. „Private" Vereinsrechtsprechung ist aber gerade nicht neutral. Sie erfolgt vielmehr durch ein Vereinsorgan „in Vertretung des Vereins, also durch eine Partei"[28]. Vereinsrechtsprechung ist schlichte verbandsbezogene Verwaltungstätigkeit. Sie hat das Ziel, das Mitglied im ‚Geiste' des Vereinszweckes zu erziehen.

Vereinsrechtsprechung ist aber nicht Rechtsprechung im Sinne von Art. 92 GG[29].

Handelt es sich somit aber nicht um eine staatliche, sondern um eine privatrechtliche Sanktionsgewalt, ist Art. 101 GG ebenfalls nicht betroffen. Diese Norm gilt gerade nur für staatliche, nicht für private „Gerichte"[30].

Die verfassungsrechtliche Problematik liegt daher weniger in der Frage nach der grundsätzlichen Zulässigkeit der Vereinsgerichtsbarkeit

---

[25] *Stober*, NJW 1979, 2001, 2005.

[26] *Achterberg* in: Bonner Kommentar, Art. 92, Rdnr. 174; *Heimann*, S. 122; *Stober*, NJW 1979, 2001, 2005.

[27] h. M.: BVerfGE 22, 49, 62 f.; BGHZ 29, 352, 354; BAG, NJW 1964, 268, 269; *Achterberg* in: Bonner Kommentar, Art. 92, Rdnr. 175 ff.; *Dütz*, S. 235; *Heimann*, S. 123 f.; *Herzog* in: Maunz / Dürig / Herzog / Scholz, Art. 92, Rdnr. 147; *Merkel*, S. 65; *Vollmer*, Schiedsklauseln, S. 91; *Westermann*, Verbandsstrafgewalt, S. 57.

[28] *Weiland*, S. 133.

[29] RGZ 125, 338, 340; *Achterberg* in: Bonner Kommentar, Art. 92, Rdnr. 193; *Bessell*, S. 40; *Beuthien*, BB 1968, Beilage 12 zu Heft 33, S. 9; *Habscheid* in: Sport und Recht (1972), S. 161; *Horschitz*, S. 49 f.; *Meyer-Cording*, Vereins-
Sport und Recht (1972), S. 161; *Horschitz*, S. 49 f.; *Meyer / Cording*, Vereinsstrafe, S. 75 ff.; *ders.*, NJW 1966, 225, 227; *Preis*, DB 1971, 1575; *Schlosser*, Vereinsgerichtsbarkeit, S. 51 f.; *ders.*, MDR 1967, 961, 963; a. M. *Larenz* in: Gedenkschrift Dietz, S. 54.

[30] *Herzog* in: Maunz / Dürig / Herzog / Scholz, Art. 101, Rdnr. 117; *Achterberg* in: Bonner Kommentar, Art. 92, Rdnr. 180.

als darin, welche Anforderungen an das Vereinsstrafverfahren zu stellen sind und in welchem Umfange den staatlichen Gerichten die Überprüfung der verhängten Strafen zugebilligt wird.

§ 12 Das Vereinsstrafverfahren und die Vereinsstrafnorm

I. Anforderungen an das Vereinsstrafverfahren

Als Adressaten der Vereinsstrafen kommen grundsätzlich nur die Mitglieder des Vereins in Betracht. Durch die Möglichkeit des Vereins, Strafen festzusetzen, sollen diese zur Einhaltung der vom Verein aufgestellten Ordnungen angehalten werden.

Mit der gleichen Zielsetzung versuchen die Verbände, ihre Vereinsgewalt aber auch auf die Angehörigen ihrer Mitgliedsvereine (mittelbare Mitglieder) sowie auf den Personenkreis zu erstrecken, der weder dem Dachverband noch einem Mitgliedsverein angehört, sogenannte Nichtmitglieder. Auf die in diesem Zusammenhang auftretenden Fragen soll im 4. Kapitel am Beispiel der Rechtsbeziehungen der Fußballvereine vom ‚Deutschen Fußball-Bund' eingegangen werden, wo diese Problematik bekanntermaßen auftritt.

Über die Anforderungen an ein rechtsstaatliches und damit faires Vereinsstrafverfahren bestehen in Rechtsprechung und Literatur kaum Meinungsunterschiede. So ist nach einhelliger Ansicht der Anspruch des Betroffenen auf rechtliches Gehör unverzichtbar[1]. Dies gilt auch für den Grundsatz ‚ne bis in idem'[2]. Schließlich sind dem Betroffenen die Gründe der Entscheidung in geeigneter Form mitzuteilen[3].

Muß die Verletzung der genannten Verfahrensprinzipien bei einer gerichtlichen Überprüfung zur Unwirksamkeit der verhängten Sanktion führen, so ist dieser Schluß bei Verletzung spezieller Verfahrensvorschriften des Vereins nicht zwingend. Zum Teil wird in der Literatur die Ansicht vertreten, daß die Gerichte die Einhaltung dieser speziellen Vorschriften nicht überprüfen müssen[4]. Meines Erachtens kann

---

[1] Vgl. dazu RGZ 171, 205 ff.; BGHZ 29, 352, 355; 51, 381, 391; OLG Hamm, BB 1976, 663; *Bessell*, S. 103 f.; *Habscheid* in: Sport und Recht (1972), S. 158 f., 166; *Meyer-Cording*, Vereinsstrafe, S. 81 f.; *Schlosser*, Vereinsgerichtsbarkeit, S. 188 ff.; *Reiss*, S. 64 ff.; *Schultze-v. Lasaulx* in: Soergel / Siebert, BGB § 25 Rdnr. 34.

[2] Vgl. dazu RGZ 51, 89, 90; *Bessell*, S. 103; *Meyer-Cording*, Vereinsstrafe, S. 214; *Schultze-v. Lasaulx* in: Soergel / Siebert, BGB § 25 Rdnr. 35.

[3] Vgl. dazu RGZ 147, 11, 13; *Bessell*, S. 103; *Meyer-Cording*, Vereinsstrafe, S. 84; *Reiss*, S. 67; *Sauter / Schweyer*, Rdnr. 104; *Schlosser*, Vereinsgerichtsbarkeit, S. 203; *Schultze-v. Lasaulx* in: Soergel / Siebert, BGB § 25 Rdnr. 35.

[4] *Schultze-v. Lasaulx* in: Soergel / Siebert, BGB § 25 Rdnr. 33; *Meyer-Cording*, Vereinsstrafe, S. 77 f.; *Weiland*, S. 136.

dies nicht ausreichen. Die Vereinsmitglieder haben sich eine Verfahrensordnung gegeben. Jedes Mitglied hat dann aber auch Anspruch darauf, daß diese eingehalten wird; das Selbstbestimmungsrecht der Vereinsmitglieder ist ansonsten außer Kraft gesetzt und das Verfahren selbst obliegt der Willkür der Vereinsorgane[5].

II. Die Vereinsstrafnorm

Ein Vereinsstrafverfahren, das letztlich die innerhalb des Vereins bestehenden Konflikte lösen soll, kann dieses Ziel nur verwirklichen, wenn auch die materiellen Anforderungen an die Vereinsstrafe ausreichend berücksichtigt werden. Daher hat auch der Rechtsgrundsatz „nulla poena sine lege" für ein Vereinsstrafverfahren Geltung, obgleich sicherlich nicht die strengen Anforderungen, die an das staatliche Strafrecht gestellt werden, übertragen werden dürfen.

Fraglich ist allerdings, ob diese Rechtsgrundlage in die Satzung selbst aufgenommen werden muß, oder aber ob die Aufnahme in rechtlich im Rang unter der Vereinssatzung stehende Vereinsvorschriften, sog. Vereinsordnungen[6], zulässig ist.

Aus den in den §§ 57 Abs. 1, 58 BGB vorgeschriebenen Inhaltserfordernissen der Satzung ergibt sich einerseits, daß alle für den Verein und die Mitglieder wesentlichen Entscheidungen von der Mitgliederversammlung zu treffen sind; das Publizitätsprinzip sichert andererseits, daß diese Entscheidungen durch die Aufnahme in die Satzung dem Mitglied zugänglich sind.

Unter dem Begriff ‚Vereinsverfassung' sind nach der Rechtsprechung des BGH[7] alle wesentlichen, das Vereinsleben bestimmenden Grundentscheidungen zu verstehen[8]. Daher müssen alle Belange, die „beträchtliche Auswirkungen" für das Mitglied haben, Bestandteil der Satzung sein[9]. Dies gilt sicherlich für Regelungen, die die Ausübung der Vereinsgewalt betreffen[10].

Ob und welche Sanktionen sich der Verein gegenüber seinen Mitgliedern vorbehält, gehört zu den Grundentscheidungen und Leitprinzipien des Vereinslebens. Sie sind daher in die den Mitgliedern zugängliche Satzung aufzunehmen. Sind in dieser die dem Verein offen-

---

[5] So im Ergebnis auch RGZ 82, 248; BGHZ 29, 352, 354; 47, 172, 176; BGH, NJW 1973, 35; *Reiss*, S. 59.

[6] Vgl. zum Begriff *Sauter / Schweyer*, Rdnr. 151.

[7] Grundlegend BGHZ 47, 172, 177.

[8] Vgl. auch die Zusammenstellung einzelner Definitionen bei Lukes, NJW 1972, 121, 122 Fn. 18.

[9] So BGHZ 47, 172, 178; Lukes, NJW 1972, 121, 126.

[10] *Sauter / Schweyer*, Rdnr. 32.

stehenden Sanktionen aufgeführt, so kann die Erläuterung und nähere Ausgestaltung dieser Bestimmungen in einer Vereinsordnung getroffen werden. Diese Differenzierung ist auch aus praktischen Gesichtspunkten gerechtfertigt, da die Aufnahme der gesamten Rechtsordnung eines Vereins zu einer unnötigen Aufblähung der Satzung führen würde. Im übrigen ist das Mitglied schon durch die Aufnahme einer entsprechenden Ermächtigung in die Vereinssatzung, die Zweck, Struktur und Reichweite der Rechtsordnung bestimmt, ausreichend gewarnt[11].

Diesen Anforderungen genügt beispielsweise das Regelwerk des DFB. In § 43 der Satzung des DFB werden die zulässigen Sanktionsmöglichkeiten abschließend aufgezählt. Die einzelnen Strafbestimmungen[12] finden sich in der Rechts- und Verfahrensordnung des Verbandes, die von der Mitgliederversammlung[13] beschlossen wird.

Alle Strafvorschriften sind nur insoweit zulässig, als sie zur Verwirklichung der Vereinszwecke dienen. So dürfen sie keinesfalls das Ziel haben, auch das ‚Privatleben' der Mitglieder zu reglementieren[14]. Sicherlich unbedenklich ist es allerdings, wenn ein religiös ausgerichteter Verein von seinen Mitgliedern auch im Alltag die Beachtung seiner Grundprinzipien verlangt. Demgegenüber kann bei einem Sportverein nicht jeder Verstoß gegen staatliches Straf- und Ordnungswidrigkeitenrecht zu vereinsinternen Maßnahmen Anlaß geben.

In diesem Sinne war auch eine Bestimmung im DFB-Regelwerk[15] fragwürdig, nach der der Entzug der Spielerlizenz bei Verlust des „guten Leumundes sowohl im bürgerlichen als auch im sportlichen Leben" möglich sein sollte. Der Verband hat inzwischen diese Sanktionsmöglichkeit ersatzlos gestrichen. Dagegen erscheint die Bestrafung von vereinsschädigendem Verhalten in der Öffentlichkeit, wie es zahlreiche Vereinigungen vorsehen[16], unbedenklich. Problematisch ist allerdings, welchen Bestimmtheitsanforderungen Tatbestand und Rechtsfolge einer solchen Strafnorm genügen müssen. Anknüpfungspunkt könnten insoweit Parallelen zwischen Vereinsstrafrecht und öffentlich-rechtlichem Disziplinarrecht sein[17].

---

[11] *Steffen* in: RGRK BGB § 25 Rdnr. 4; *Sauter / Schweyer*, Rdnr. 151.

[12] Vgl. §§ 4, 5 DFB-Rechts- und Verfahrensordnung.

[13] § 21 Ziff. 2 f. DFB-Satzung.

[14] Vgl. *Ernst*, S. 98 ff.; *Reiss*, S. 36; *Weiland*, S. 144 f.

[15] § 13 Ziff. 2 i. V. mit § 12 lit. c LSpSt.

[16] Beispiele: „Schädigung des Ansehens" (scil. des Verbandes), § 3 Ziff. 2.3 RODEB; „verbandsschädigendes Verhalten", § 4 Ziff. 1 RO DKanV, § 21 Ziff. 2 c DFechterB; „Gefährdung oder Schädigung des Ansehens oder der Interessen des DSV", § 2 DO DSkiV; „Verfehlungen, die geeignet sind, Arbeit und Ansehen des DTB zu schädigen", § 1 lit. c RO DTurnB.

[17] *Meyer-Cording*, Vereinsstrafe, S. 71.

Jedes Strafrecht hat zur Aufgabe, die Ordnung in einem bestimmten Kreise aufrecht zu erhalten und die Disziplin in der Gruppe zu wahren. Diesem Zweck dient im Staat das Kriminalstrafrecht, in engeren Gruppen — so im sogenannten „besonderen Gewaltverhältnis" — spricht man von Disziplinarrecht. Um nichts anderes geht es beim Vereinsstrafrecht. Ziel ist die Sicherung des Gruppeninteresses. In den „besonderen Gewaltverhältnissen" wird wie im Vereinswesen der Einzelne in eine Organisation eingebettet und muß sich deren Zielen anpassen[18]. So unterwirft sich der Beamte mit seinem Eintritt freiwillig einer Gruppenordnung und kann sich der Disziplinargewalt nur durch Austritt, d. h. für ihn durch Berufswechsel, entziehen. Weitere Parallelen lassen sich aufzeigen[19]. Es liegt daher nahe, als Vergleichsmaßstab für die Vereinsstrafnorm diejenige Norm heranzuziehen, die die Grundlage für beamtenrechtliche Disziplinarmaßnahmen bildet.

Gemäß § 45 Abs. 1 Satz 1 BRRG begeht der Beamte ein Dienstvergehen, wenn er schuldhaft die ihm obliegenden Pflichten verletzt. Die Pflichten selbst sind in den §§ 35 ff. BRRG aufgeführt. Es muß dabei auffallen, daß es keine detaillierten Regelungen gibt[20]. Im Disziplinarrecht der Beamten besteht die Unmöglichkeit, alle ahndungswürdigen Verstöße konkret zu umschreiben. Dazu ist bereits der Aufgabenbereich der Beamten zu unterschiedlich und zu vielfältig. Den Bestimmtheitsanforderungen an eine Norm wird aber Genüge getan, wenn das rechtsstaatliche Prinzip der „Normenklarheit" nicht verletzt ist[21]. Nach Auffassung des Bundesverfassungsgerichts[22] genügt das beamtenrechtliche Disziplinarrecht diesen Anforderungen.

Auch von den Vereinsmitgliedern werden eine Vielzahl von Verhaltenspflichten gefordert, wobei es nicht möglich ist, alle denkbaren Verstöße konkret aufzuführen. So dürften in der Regel in den Vereinssatzungen und in Nebenordnungen die ausfüllungsbedürftigen Tatbestände überwiegen[23]. Unter Berücksichtigung der vorhandenen Parallelen ist es daher aber nur konsequent, für die Disziplinarmaßnahmen der Vereine keine weiterreichenden Anforderungen zu stellen, als an den Staat

[18] *Weiland*, S. 146.

[19] Vgl. *Meyer-Cording*, Vereinsstrafe, S. 71 ff.; *Schlosser*, Vereinsgerichtsbarkeit, S. 59; *Weiland*, S. 145 ff.

[20] § 35 Abs. 1 S. 2 BRRG: „Er (scil. der Beamte) hat seine Aufgaben unparteiisch und gerecht zu erfüllen und bei seiner Amtsführung auf das Wohl der Allgemeinheit Bedacht zu nehmen.

§ 36 BRRG: Der Beamte hat sich mit voller Hingabe seinem Beruf zu widmen. Er hat sein Amt uneigennützig nach bestem Gewissen zu verwalten. Sein Verhalten innerhalb und außerhalb des Dienstes muß der Achtung und dem Vertrauen gerecht werden, die sein Beruf erfordern."

[21] BVerfGE 9, 223, 229; 21, 73, 79.

[22] BVerfGE 26, 186, 204; 28, 36, 46.

[23] *Meyer-Cording*, Vereinsstrafe, S. 74.

im disziplinarrechtlichen Bereich[24]. Als Problem stellt sich auch hier die letztlich für das gesamte Vereinsstrafverfahren entscheidende Frage, inwieweit eine aufgrund vereinsrechtlicher Generalklauseln verhängte Vereinsstrafe gerichtlich überprüft werden kann.

§ 13 Die gerichtliche Nachprüfbarkeit von Vereinsstrafen im Sportwesen

I. Problemstellung

Als eines der zentralen Probleme des Vereinswesens ist die Frage der Nachprüfbarkeit von Vereinsstrafen durch staatliche Gerichte anzusehen.

Bei der Bestimmung des Umfangs der gerichtlichen Kontrolle der Vereinssanktionen ist primär auf den Begriff der Vereinsautonomie zurückzukommen. Wie bereits erörtert[1], ist die Vereinsautonomie als Ausprägung der allgemeinen Privatautonomie anzusehen. Im Bereich der Privatautonomie kann es aber keinen gerichtsfreien Raum, allenfalls einen gerichtlich kontrollierten Freiraum geben[2]. Im Vordergrund der Erörterungen kann somit nicht die Frage stehen, ob überhaupt eine gerichtliche Kontrolle der Vereinsstrafen zulässig ist[3], sondern primär geht es um das Problem, wann und in welchem Umfange möglicherweise auf eine gerichtliche Überprüfung der verhängten Vereinsstrafen verzichtet werden kann. Insoweit hat dabei jeder Lösungsansatz neben allgemeinen rechtsstaatlichen Anforderungen auch den den Vereinen gewährten Selbstregulierungsmechanismus gebührend zu berücksichtigen.

Die Vereine verhängen Strafen, um ein nicht satzungskonformes Verhalten zu ahnden. Daher wird nur derjenige Rechtsschutz bei der staatlichen Gerichtsbarkeit suchen, der seine persönlichen Interessen im Vereinsstrafverfahren, in der Feststellung bzw. Subsumtion der Tatsachen unter Vereinsstrafnormen oder durch die Strafe selbst nicht gebührend berücksichtigt sieht. Es obliegt somit primär den Vereinen selbst, durch in jeder Hinsicht faire Verfahren „Eingriffe“ der staatlichen Gerichte zu vermeiden[4]. Andererseits wird aber die Zulässigkeit einer umfassenden gerichtlichen Überprüfung der Maßnahmen die Vereinsorgane zu weitgehend sachgerechten Entscheidungen anhalten.

---

[24] *Schlosser*, Vereinsgerichtsbarkeit, S. 59, 102; *Weiland*, S. 149.

[1] Vgl. oben § 2.

[2] Ähnlich vom Ansatz her *Vieweg*, JZ 1984, S. 167 ff.

[3] So aber der Ansatz der h. M., vgl. nur *Sauter / Schweyer*, Rdnrn. 110 ff.; *Weiland*, S. 178; den Ansatz der h. M. untersucht *Habscheid*, Sportverbandsrecht (1972), S. 158, 167 ff.

[4] Zum ‚fairen Verfahren‘ auch *Sauter / Schweyer*, Rdnr. 100.

II. Die Entwicklung der Rechtsprechung

Bei der Erörterung einer gerichtlichen Nachprüfung von Vereinsstrafen sind — entsprechend den gedanklichen Schritten des juristischen Syllogismus — drei Kontrollformen zu unterscheiden:

Die Inhaltskontrolle der vom Verein herangezogenen Norm, die Tatsachen- und die Subsumtionskontrolle[5].

Die Zivilgerichtsbarkeit hat sich dieser Kontrollformen unter Berufung auf einen durch die Anerkennung der Vereinsautonomie begründeten staatsfreien Innenraum nur beschränkt bedient[6]. Das Reichsgericht, geprägt vom gemeinen Recht und der Genossenschaftstheorie Otto von Gierkes[7], enthielt sich nahezu völlig einer sachlichen Kontrolle von Vereinsstrafen[8]. Geprüft wurde allenfalls, ob die verhängte Strafe eine Grundlage in der Satzung fand[9], bzw. ob die Grenze des § 826 BGB beachtet worden war[10].

Der Bundesgerichtshof beschränkte die gerichtliche Kontrolle von Vereinsstrafen in ständiger Rechtsprechung darauf, ob das satzungsmäßig vorgeschriebene Verfahren beachtet, ob die verhängte Maßnahme eine Stütze im Gesetz oder in der Satzung findet, ob sonst keine Gesetzes- oder Satzungsverstöße vorgekommen sind und ob die Maßnahme nicht grob unbillig oder willkürlich ist[11]. Unter Berufung auf die Vereinsautonomie hatte der Bundesgerichtshof sowohl die Feststellung des Sachverhalts wie die Subsumtion desselben unter die fragliche Satzungsbestimmung grundsätzlich von der Nachprüfung durch die Gerichte ausgeschlossen; diese dürfe sich nur „auf offensichtlich willkürliche Tatsachenfeststellung oder Subsumtion" erstrecken[12]. In einer späteren Entscheidung[13] folgert der BGH aus dem Rechtssatz, daß das Gericht nur zu prüfen habe, ob sich der Beschluß auf eine Vorschrift der Satzung „stütze",

---

[5] Vgl. zur Überprüfungspraxis der Verwaltungsgerichte bei unbestimmten Gesetzesbegriffen *Wolff / Bachof*, § 31 I c; speziell zur Nachprüfbarkeit von Vereinsstrafen, *Vieweg*, JZ 1984, 167 ff.; *Weiland*, S. 152 ff., 179 ff.

[6] Vgl. zur Entwicklung der Rechtsprechung *Flume* in: Festschrift Bötticher, S. 101, 104 ff.; *Reuter* in: Münchner Kommentar vor § 21 Rdnr. 129.

[7] *O. v. Gierke*, Genossenschaftstheorie, S. 183 ff.; vgl. auch die Ausführungen oben § 2 II.

[8] Vgl. u. a. RGZ 49, 150, 154 f.; 80, 189, 192 ff.; 82, 248 ff.; RG, JW 1906, 416, 417; vgl. dazu auch die Ausführungen oben § 2 III.

[9] Vgl. RG, JW 1906, 416, 417.

[10] Vgl. RGZ 64, 155, 158.

[11] BGHZ 13, 5, 11; ;21, 370, 373; 29, 352, 354; 36, 105, 109; 45, 314; 47, 172 u. 381, 384; vgl. dazu auch die Ausführungen von *Flume* in: Festschrift Bötticher, S. 101, 104 ff.

[12] So BGHZ 36, 114, nachdem diese Frage in BGHZ 29, 362 noch offengelassen war.

[13] BGH, NJW 1966, 1751; insoweit in BGH 45, 314 nicht abgedruckt.

„daß die Feststellung des zu beurteilenden Sachverhalts und die Subsumtion des festgestellten Sachverhalts unter die herangezogene Vorschrift zu den Maßnahmen gehöre, die ein Verein in Ausübung seiner Verbandsgewalt eigenverantwortlich zu treffen habe und die grundsätzlich gerichtlich nicht nachprüfbar seien“[14].

Diese Rechtsprechung hat der Bundesgerichtshof erst jüngst, soweit es um die eingeschränkte Nachprüfung der Tatsachenermittlung im vereinsrechtlichen Disziplinarverfahren geht, aufgegeben[15].

Angesichts der großen gesellschaftspolitischen Macht, die von Organisationen wie Gewerkschaften, Berufsvereinen und Sportverbänden über ihre Mitglieder ausgeübt würde, könne man nicht mehr generell von einer Freiwilligkeit des Beitritts in den Verein sprechen[16]. Aufgrund dieses gesellschaftlichen Wandels könne die Unterwerfung unter die Vereinsstrafgewalt nicht mehr dahin ausgelegt werden, daß die Mitglieder bei ihrem Eintritt damit einverstanden seien, gegebenenfalls für Taten verantwortlich gemacht zu werden, die sie nicht begangen hätten. Das Gericht sieht nunmehr die Anerkennung einer gerichtlichen Nachprüfung der Sachverhaltsermittlung auch nicht mehr als Beeinträchtigung der Vereinsautonomie an, da den Vereinen lediglich eine „Mißbrauchs“-möglichkeit genommen sei, auf die auch im Rahmen der Vereinsautonomie kein Anspruch bestehe. Demgegenüber gehöre die Subsumtion des festgestellten Sachverhalts zu den Maßnahmen, die der Verein eigenverantwortlich zu treffen habe und die gerichtlich nur beschränkt nachgeprüft werden könnten[17].

Ordnet man die vom Bundesgerichtshof anerkannten Prüfungskriterien der Vereinsstrafen den drei Kontrollformen[18] zu, so ergibt sich als Stand dieser Rechtsprechung:

Die Inhaltskontrolle umfaßt die Feststellung der Satzungs- und Gesetzesmäßigkeit der verhängten Vereinsstrafe.

Die Tatsachenkontrolle wird in vollem Umfange durchgeführt.

Die Subsumtionskontrolle erstreckt sich nur auf offensichtlich willkürliche Subsumtion und auf grobe Unbilligkeit.

III. Kritische Bewertung der Rechtsprechung

Auf den ersten Blick erscheint die von der höchstrichterlichen Rechtsprechung vorgenommene Differenzierung durchaus klar und praktika-

---

[14] Ebd.

[15] BGH, NJW 1984, 918, 919; vgl. dazu auch *Baecker*, NJW 1984, 906 f.

[16] So ausdrücklich BGH, NJW 1984, 918, 919.

[17] BGH, NJW 1984, 918, 919; zur Subsumtionskontrolle vgl. auch BGHZ 47, 381, 384.

[18] Vgl. dazu die Ausführungen soeben in diesem Kapitel.

bel. Die tatsächlichen Probleme einer solch beschränkten Nachprüfung zeigen aber eher das Gegenteil. Insbesondere bei unbestimmten Vereinsnormen sind Normenkonkretisierung und Subsumtion nicht immer so eindeutig voneinander abzugrenzen, wie dies für die von der Rechtsprechung vorgenommene Differenzierung erforderlich wäre. Eine gerichtliche Entscheidung kann insoweit aber nur durch wechselseitige Präzisierung von Obersatz und Sachverhalt erfolgen[19].

Welche Entscheidungsmacht den Vereinen und Verbänden belassen bleibt, zeigt insbesondere das Urteil des Bundesgerichts des Deutschen Fußball-Bundes zum Fall „FC Gütersloh" vom 7. Mai 1984. Der unbestrittene Verstoß gegen das Amateurstatut — dieses läßt Zahlungen an Spieler nur in Höhe von DM 700 pro Monat zu — konnte „wegen der Unzulänglichkeit der Bestimmungen"[20] nur durch einen Rückgriff auf den unbestimmten Rechtsbegriff „unsportliches Verhalten" geahndet werden. Zahlungen von jährlich netto DM 65 000 (Spieler Peitsch) bzw. DM 180 000 (Spieler Graul) seien nicht hinnehmbar und daher unsportlich[21]. Eine Anrufung der ordentlichen Gerichtsbarkeit dürfte aber mangels umfassender Subsumtions- und Inhaltskontrolle erfolglos bleiben, obwohl das Vereinsgericht selbst das Fehlen einer eindeutigen Definition des Amateurbegriffs in der Satzung des DFB bemängelt.

Solch unbefriedigende Ergebnisse, aber auch das Fehlen eindeutiger Abgrenzungskriterien zwischen Normenkonkretisierung und Subsumtion, haben wohl das Reichsgericht[22] als auch den Bundesgerichtshof zuweilen zu umfassenden Subsumtionskontrollen verleitet. Ohne auf die Diskrepanz zur eigenen ständigen Rechtsprechung einzugehen, prüfte beispielsweise der BGH[23] im Jahre 1961, ob der dem Mitglied vom Verein vorgeworfene Sachverhalt generell abstrakt eine Pflichtverletzung darstelle, die nach der Satzung zum Ausschluß berechtige. Auch wenn eine Abgrenzung zwischen Normenkonkretisierung und Subsumtion äußerst schwierig ist, so kann man eine derartige richterliche Prüfungspraxis nur als Subsumtionskontrolle bezeichnen.

Im Urteil vom 20. April 1967[24] setzt sich der Bundesgerichtshof ausführlich mit der Frage auseinander, ob es „offenbar unbillig" gewesen sei,

---

[19] *Larenz*, Methodenlehre, S. 268 f.

[20] So ein wörtliches Zitat des DFB-Bundesgerichts in der FAZ v. 9. 5. 1984; zur Bezahlung von Amateurspielern vgl. auch *Westermann*, JA 1984, 394, 400 ff.

[21] Ebd.

[22] Vgl. RGZ 125, 338, 341; 147, 11, 14.

[23] BGH, LM Nr. 3/4 zu § 39 BGB.

[24] BGHZ 47, 381.

„die vom Verwaltungsausschuß (scil. des Vereins) als unsportlich, unwürdig und vereinsgefährdend angesehene Prozeßbehauptung des Klägers als Grund zu benutzen, ihn auszuschließen“[25].

Der Kläger könne schließlich auch in Wahrnehmung berechtigter Interessen gehandelt haben.

Die Ausführungen in diesem Urteil lassen sich ebenso nur als Subsumtionskontrolle ansehen[26], wie diejenigen in Urteilen des Bundesgerichtshofes zu Gewerkschaftsausschlüssen.

Im Urteil vom 19. 1. 1978[27] ging es um die Anwendung des Begriffs „Streikbrecherarbeit“ im Sinne der Gewerkschaftssatzung. Der Bundesgerichtshof setzte sich mit diesem Begriff auseinander und bewertete insoweit auch das Verhalten des Klägers[28]. Im Urteil vom 30. Mai 1983[29] nimmt dann der BGH die beispielhafte Konkretisierung eines von § 20 Abs. 2 BetrVG[30] nicht mehr geschützten gewerkschaftsschädlichen Verhaltens vor:

„... nicht vom Schutz dieser Wahlfreiheit (scil. des § 20 Abs. 2 BetrVG) gedeckt sind daher Äußerungen und Handlungen eines Mitglieds, die sich bei der Aufstellung der Liste, bei der Kandidatur oder bei der Wahlwerbung in schädlicher Weise gegen seine Gewerkschaft richten, ohne daß dies zur Ausübung des Rechts sachlich gerechtfertigt wäre, sich frei von einschränkenden — auch verbandsrechtlichen — Bindungen zur Wahl zu stellen und um die eigene Wahl zu kämpfen. Als Beispiel eines in diesem Sinne gewerkschaftsfeindlichen, nicht von § 20 Abs. 2 BetrVG geschätzten Verhaltens hat der Senat mehr beiläufig bisher nur angeführt, ein solches könne in der Kandidatur auf der Liste einer konkurrierenden Gewerkschaft liegen, ...“[31].

Die vorstehenden Ausführungen sind auch insoweit bemerkenswert, als sich das Gericht in diesem Urteil unter ausdrücklicher Aufgabe der früheren Rechtsprechung für eine Tatsachenkontrolle, aber weiterhin gegen eine Subsumtionskontrolle ausspricht.

Diese Beispiele, insbesondere aber die Ausführungen im Urteil vom 30. Mai 1983[32] zeigen, daß die formal vorgenommenen differenzierten Kontrollmaßstäbe zwischen Inhalts-, Subsumtions- und Tatsachenkontrolle letztlich nicht eingehalten werden können. Soweit nicht die gerichtliche Nachprüfung von Vereinsstrafen unterschiedslos auf alle Entscheidungskomponenten erstreckt wird, führt dies in der Praxis zu er-

[25] BGH 47, 381, 384, 386.
[26] So auch *Schlosser*, Vereinsgerichtsbarkeit, S. 96; *Weiland*, S. 183.
[27] BGH, NJW 1978, 990.
[28] BGH, NJW 1978, 990, 991.
[29] BGH, NJW 1984, 918.
[30] § 20 Abs. 2 BetrVG: „Niemand darf die Wahl des Betriebsrats durch Zufügung oder Androhung von Nachteilen oder durch Gewährung oder Versprechen von Vorteilen beeinflussen.“
[31] BGH, NJW 1984, 918.
[32] BGH, NJW 1984, 918.

heblichen Schwierigkeiten. In diesem Sinne ist die Entscheidung des Bundesgerichtshofes, eine unbeschränkte Tatsachenkontrolle zuzulassen, grundsätzlich zu begrüßen[33]. Doch führt dieser erste Schritt die Rechtsprechung wiederum zu dogmatischen Schwierigkeiten, wird dadurch doch die ihr eigene Grundeinstellung zur Vereinsautonomie in Frage gestellt.

In Übereinstimmung mit dem Bürgerlichen Gesetzbuch ging die Rechtsprechung bisher von dem am „Leitmodell eines kleinen, vorwiegend geselligen Vereins mit — auch im materiellen Sinne — freiwilliger Mitgliedschaft und allenfalls lokaler Bedeutung ausgerichteten“[34] Vereinsrecht aus. Die beschränkte gerichtliche Nachprüfbarkeit begründete die Rechtsprechung zum einen damit, daß sich das Bürgerliche Gesetzbuch im Gegensatz zum Allgemeinen Landrecht über die Grenzen einer Vereinsautonomie gerade nicht auslasse[35] und zum anderen mit der freiwilligen Unterwerfung der Mitglieder unter die Vereinsgewalt; mit dem freiwilligen Beitritt würde konkludent auf eine volle gerichtliche Nachprüfung von Maßnahmen der Vereinsgewalt verzichtet[36]. Zutreffend sieht der Bundesgerichtshof jetzt die Gefahr, daß die freie Ein- und Austrittsmöglichkeit bei großen Vereinen und Verbänden nicht mehr gewährleistet werde, der Einzelne vielmehr aus beruflichen oder gesellschaftlichen Gründen[37] vielfach gezwungen sei, einer Vereinigung beizutreten. Schon dieser Gesichtspunkt rechtfertige neben der Gefahr der Willkür eine umfassende Tatsachenkontrolle[38].

Mit dieser Feststellung löst sich der BGH vom Vereinsmodell des BGB und stellt zugleich die Grundlagen der Vereinsautonomie in Frage. Ist die Mitgliedschaft in einem Verein nicht mehr freiwillig, welche Gründe sprechen dann überhaupt noch für einen gerichtsfreien Raum?

Mangels einer freiwilligen Unterwerfung unter die Vereinsgewalt müßte der Bundesgerichtshof konsequenterweise eine umfassende gerichtliche Nachprüfung der Vereinsmaßnahmen zulassen! Für eine auf freie Ein- und Austrittsmöglichkeit basierende Vereinsautonomie wäre kein Raum mehr.

Andererseits darf aber nicht übersehen werden, daß bei einer großen Anzahl insbesondere kleinerer Vereine das Vereinsmodell des BGB sehr gut funktioniert; bei untereinander konkurrierenden Vereinen haben

---

[33] Grundsätzlich zustimmend *Baecker*, NJW 1984, 906 f.; *Vieweg*, JZ 1984, 167 ff.; *Westermann*, JA 1984, 394, 403.

[34] *Nicklisch* in: DSB (Hrsg.), Verbandsautonomie und Verfassungsrecht, S. 6.

[35] So ausdrücklich RGZ 49, 150, 155; die Hintergründe erhellt *Simon*, insbes. S. 92 ff.; vgl. dazu auch oben § 2 III.

[36] So ausdrücklich BGH, NJW 1984, 918, 919 unter Berufung auf diese der Rechtsprechung unausgesprochen zugrunde liegende These.

[37] Vgl. zu den Gründen im Bereich des Sports oben § 10 II.

[38] So BGH, NJW 1984, 918, 919.

die Mitglieder unter Berücksichtigung ihrer speziellen Bedürfnisse eine Wahlmöglichkeit. Aber auch bei diesen Vereinen soll nach Ansicht des Bundesgerichtshofs in Zukunft eine umfassende Tatsachenkontrolle bei einer verhängten Sanktion zulässig sein. Die „hochgepriesene" Vereinsautonomie würde dann auch bei diesen Vereinen nur noch in einer Beschränkung der Subsumtions- und Inhaltskontrolle Berücksichtigung finden. Die Praktikabilität einer solchen Lösung ist aber, wie dargelegt, mehr als zweifelhaft.

Gesteht man der Rechtsprechung auch zu, daß sie von dem Bestreben geleitet ist, eine Synthese zwischen Vereinsautonomie und staatlichem Schutz vor unbilliger Beeinträchtigung der Mitglieder zu finden, so kann der im Urteil des Bundesgerichtshofs vom 30. Mai 1983[39] beschrittene Weg nicht überzeugen. Entscheidet man sich unter Berufung auf die Vereinsautonomie nicht für eine umfassende gerichtliche Nachprüfung aller verhängten Vereinsstrafen, so sind andere Lösungsansätze zu finden, um eine angemessene Berücksichtigung der widerstreitenden Interessen zu erreichen.

IV. Eigener differenzierter Lösungsvorschlag

Ausgangspunkt eines solchen Lösungsansatzes, und insoweit ist auch den Ausführungen des Bundesgerichtshofs zuzustimmen, kann das Maß der Freiwilligkeit der Vereinsmitgliedschaft sein.

Das am Leitmodell des kleinen Vereins[40] ausgerichtete Vereinsrecht des BGB setzt stillschweigend eine Wahlmöglichkeit des Mitglieds voraus. Es soll seinem freien Entschluß obliegen, ob es sich bei Konflikten den Entscheidungen der zuständigen Vereinsorgane beugt, oder aber ob es von der Möglichkeit des Vereinsaustritts Gebrauch macht, um gegebenenfalls seine Interessen durch Mitgliedschaft in einem anderen Verein weiterzuverfolgen.

Von dieser Möglichkeit kann ein Vereinsmitglied infolge der gesellschaftlichen Entwicklung aber nicht mehr in jedem Fall Gebrauch machen. Auch der Bundesgerichtshof[41] weist mit Recht darauf hin, dieser Aspekt wurde bereits eingehend bei der Frage eines Vereinsaufnahmeanspruchs erörtert[42], daß es zu einer Mitgliedschaft in einem Sportverband oder einer Gewerkschaft gerade keine Alternative gibt; eine Interessenverfolgung kann für ein Mitglied unter Umständen nur in einer bestimmten Vereinigung möglich sein. Fehlt aber die freie Wahlmög-

[39] So BGH, NJW 1984, 918, 919.

[40] s. o. § 1; vgl. auch *Nicklisch* in: DSB (Hrsg.), Verbandsautonomie und Verfassungsrecht, S. 6.

[41] BGH, NJW 1984, 918, 919.

[42] Vgl. dazu die Ausführungen oben § 10 II.

lichkeit, so ist ein wesentlicher Teil des Selbstregulierungsmechanismus außer Kraft gesetzt.

Von einer freiwilligen Mitgliedschaft kann man aber dann nicht mehr sprechen, wenn der Einzelne zur Verwirklichung seiner persönlichen Interessen, seien sie beruflicher oder auch privater Art, auf diese angewiesen ist. Es ist daher erforderlich, Kriterien für die Trennung von Vereinigungen auf der Grundlage noch ausreichender und nicht mehr ausreichender Freiwilligkeit der Mitgliedschaft aufzustellen.

Für das Maß der Freiwilligkeit kann es, wie beim Vereinsaufnahmeanspruch, auf eine etwaige Monopolstellung einer Vereinigung allein nicht ankommen. So kann dem einzigen Fußballverein am Ort nach vereinsinternen Querelen durch Abspaltung sehr wohl Konkurrenz entstehen. Andererseits besteht für ein Mitglied trotz der Konkurrenz der beiden großen Automobilclubs ADAC und AvD aufgrund der gleichförmigen Vereinsstruktur keine echte Alternative. Von einer freiwilligen Entscheidung zwischen den beiden Vereinigungen kann kaum gesprochen werden.

Reuter[43] sieht als Lösungsansatz eine Differenzierung zwischen Vereinen, die Kommunikationsfunktionen und solchen, die Repräsentationsfunktionen ausüben. Die Aufgabe der ersteren erschöpfe sich „in der Sammlung und Koordination verstreuter Zielsetzungen und Aktivitäten“[44]. Solche Vereinigungen seien beliebig gegeneinander austauschbar und gegebenenfalls leicht neu zu errichten. In diesen Vereinigungen mit schlichter Kommunikationsfunktion sei ein Höchstmaß an Freiwilligkeit der Mitgliedschaft gewährleistet. Würden die Vereinigungen hingegen national, regional oder auch nur lokal die Repräsentation gesellschaftlicher Interessen übernehmen, könne die Teilnahme daran die Mitgliedschaft voraussetzen. Nur mittels der Vereinigung werde es dem Einzelnen ermöglicht, seine Ziele zu verfolgen. In Vereinigungen mit Repräsentationsfunktion sei es daher erforderlich, daß die Gerichte die Vereinsstrafen in vollem Umfange nachprüfen könnten.

Gesteht man Reuter auch zu, daß die von ihm vorgenommene Differenzierung sowohl die Interessen der Mitglieder als auch die unterschiedlichen Vereinszwecke berücksichtigt, so erscheint die erforderliche Praktikabilität zweifelhaft. Selbst Reuter bezeichnet die Unterscheidung zwischen Vereinigungen mit Kommunikations- und solchen mit Repräsentationsfunktion als „alles andere als einfach“[45].

Auf der Bandbreite von Prototypen kommunikativer Vereinigungen wie Kegelclubs und Schützenvereinen hin bis zu den Berufsverbänden

---

[43] Reuter, ZGR 1980, 101, 111; *ders.* in: Münchner Kommentar, vor § 21 Rdnr. 114.

[44] *Reuter*, ZGR 1980, 101, 111.

[45] *Reuter*, ZGR 1980, 101, 113.

und Gewerkschaften als typische repräsentative Organisationen, läßt sich eine Vielzahl von Vereinigungen aufzählen, die sich keinem der beiden „Pole" eindeutig zuordnen lassen. Beispielsweise kann ein zunächst lediglich zu kommunikativen Zwecken errichteter lokaler Sportverein durch die Gewährung staatlicher Subventionen zum lokalen Repräsentanten einer Sportart werden. Eine kleine Bürgervereinigung erlangt infolge der Anerkennung durch Politik und Presse die Stellung als anerkannte Vertreterin einer Interessengruppe. Es ist daher nicht nur die Zuordnung der Vereinigung selbst difizil, sondern diese kann sich zudem ständig wechselnd in eine der beiden Richtungen entwickeln.

Die Gerichte müßten daher vor der eigentlichen Sachprüfung darüber befinden, ob in der Vereinigung noch die Kommunikations- oder bereits die Repräsentationsfunktion überwiegt. Die damit verbundene Rechtsunsicherheit würde aber weder dem Interesse der Vereinigung noch dem des einzelnen Mitgliedes dienen. Darüber hinaus könnten Ungerechtigkeiten entstehen, wenn einem Mitglied die gerichtliche Kontrolle der Vereinsstrafe versagt wird, weil der Verein noch eine Kommunikationsfunktion ausübt, während wenig später ein anderes Mitglied bereits als ein solches eines repräsentativen Vereins behandelt würde. So könnte für den Umfang der gerichtlichen Kontrolle die Wartezeit bei Gericht ausschlaggebend sein. Der von Reuter eingeschlagene Weg erscheint für die Lösung der praktischen Probleme wenig brauchbar.

Kriterium einer notwendigen Differenzierung hinsichtlich des Maßes der Freiwilligkeit sollte weniger die Funktion der Vereinigung als vielmehr die Situation des von Vereinsstrafen betroffenen Mitglieds sein.

Eine Mitgliedschaft ist dann nicht mehr freiwillig, wenn das Mitglied zur Verwirklichung seiner Interessen auf die Mitgliedschaft in der Vereinigung, die die Strafe verhängt, angewiesen ist. Entscheidend kann dabei nicht sein, ob es sich im Sinne von Reuter um eine rein kommunikative Vereinigung handelt. Der Ausschluß aus dem örtlichen Tennisclub kann für den Einzelnen, handelt es sich auch gerade nicht um eine repräsentative Vereinigung, aufgrund fehlender Alternativen oder gleichförmigen Verhaltens anderer Clubs die Aufgabe des Tennissports bedeuten.

Für das Mitglied bleibt nur die Akzeptanz der Strafe oder der Austritt und der damit verbundene Verzicht auf die Verfolgung seiner Interessen. Diese Situation entspricht derjenigen, die bereits bei der Begründung eines Aufnahmeanspruchs in Vereinigungen erörtert wurde[46].

Ein Aufnahmeanspruch kommt nach dem dort gefundenen Ergebnis in Betracht, wenn mangels Alternativen für den Bewerber die Ver-

[46] Vgl. oben § 10.

tragsfreiheit außer Kraft gesetzt ist und es in Folge zu einem Machtgefälle zwischen Vereinigung und Bewerber kommt. Durch den Aufnahmeanspruch wird das Gleichgewicht zwischen dem Interessenten und der Vereinigung wieder hergestellt[47].

Die Wiederherstellung des Gleichgewichts und damit der Gerechtigkeit sind aber die wesentlichen Gesichtspunkte, die für die Überprüfung der Vereinsstrafen maßgeblich sind. Die Vereinsautonomie findet ihre Grundlage in der allgemeinen Privatautonomie[48], deren Bestandteil die Vertragsfreiheit ist. Ist diese nicht mehr gewährleistet, dann — aber auch nur dann — bedarf es eines regulierenden Eingriffs durch den Gesetzgeber, oder aber im Einzelfall durch die staatlichen Gerichte. Die Vertragsfreiheit und damit die Privatautonomie ist aber gefährdet, wenn ein Mitglied mangels tatsächlicher realer Wahlmöglichkeit auf die Mitgliedschaft angewiesen ist. Es entsteht ein Machtgefälle zwischen Vereinigung und Mitglied. Damit ist das Machtgleichgewicht im Vereinswesen, das durch den Selbstregulierungsmechanismus und die Austrittsfreiheit gesichert werden soll, nicht mehr gewährleistet.

Solange Vereine bemüht sein müssen, Konflikte gerecht und fair zu lösen, da ansonsten konkurrierende Vereinigungen vermehrt Zulauf erhalten, bedarf es keiner umfassenden gerichtlichen Kontrolle. Ist aber ein solch „automatischer" Interessenausgleich nicht mehr möglich, besteht latent die Gefahr, daß innerhalb der Vereinigung nach Rechtsregeln entschieden wird, die von der Mehrheit bzw. von Funktionärseliten in Kenntnis mangelnder Alternative für die Minderheit zur Sicherung ihrer Herrschaftsposition geschaffen und ausgestaltet worden sind[49]. Die gerichtliche Nachprüfbarkeit einer Vereinsstrafe ist daher in unmittelbarem Zusammenhang mit einem Funktionieren der Vertragsfreiheit im Vereinsbereich zu sehen. Besteht für ein Vereinsmitglied mangels Alternative keine Wahlmöglichkeit, so ist es der Macht der Vereinsorgane schutzlos ausgeliefert. In diesem Fall bedarf es eines konfliktlösenden Eingriffs der Gerichte.

Eine umfassende gerichtliche Nachprüfung von Entscheidungen der Vereinsorgane hat somit immer dann zu erfolgen, wenn die Vereinigung gegenüber dem Mitglied eine Machtposition innehat, da das Mitglied zur Verwirklichung seiner Interessen auf eine Mitgliedschaft angewiesen ist. Dabei kommt es im Gegensatz zu Reuters Lösungsvorschlag[50] nicht darauf an, ob die Vereinigung selbst Kommunikationsfunktionen oder Repräsentationsfunktionen wahrnimmt.

---

[47] Ebd.

[48] Vgl. § 2.

[49] *Suhr*, S. 172; *Reuter* in: Münchner Kommentar, vor § 21 Rdnr. 113.

[50] *Reuter*, ZGR 1980, 101, 111; *ders.* in: Münchner Kommentar, vor § 21 Rdnr. 114.

Dieses Ergebnis berücksichtigt sowohl die Interessen der Vereinigung an einer eigenen Rechtssetzungs- und Organisationsbefugnis als auch diejenigen der Mitglieder, die ihre Ziele nur durch eine Mitgliedschaft verwirklichen können. Zudem steht außer Zweifel, daß zwischen Aufnahmeanspruch und richterlicher Kontrolle von Vereinsmaßnahmen ein unmittelbarer Zusammenhang besteht. Entzieht man dem Verein durch die Anerkennung von Aufnahmeansprüchen die Entscheidung über die Zusammensetzung des Mitgliederkreises nach dessen Wertvorstellungen, so kann man die Verhängung von Sanktionen aufgrund dieser Wertvorstellungen nicht erlauben, ohne sich dadurch selbst in Widerspruch zu setzen[51]. Es wäre inkonsequent, die Aufnahme eines Bewerbers durchzusetzen, dem Verein aber insbesondere beim Vereinsausschluß eine nicht nachprüfbare Entscheidungsmacht einzuräumen. Könnte der Verein beim Ausschluß willkürlich handeln, würde ein Aufnahmeanspruch sinnentleert.

Dem hier aufgezeigten Lösungsvorschlag könnte entgegengehalten werden, daß infolge einer gerichtlichen Nachprüfung die in der Vereinigung „obligatorische Sondermoral"[52] durch die Maßstäbe staatlichen Rechts zu sehr verdrängt würde. Aber auch insoweit zeichnen sich durchaus praktikable Lösungsmöglichkeiten ab.

So kann man den Vereinsorganen in Ablehnung an die verwaltungsgerichtliche Rechtsprechung[53] bei unbestimmten Vereinsnormen in engen Grenzen Beurteilungs- und Ermessensspielräume zugestehen[54]. Dadurch ist der Gefahr zu begegnen, daß etwas nach den gesellschaftlichen Vorstellungen als unverhältnismäßig beurteilt wird, was aber nach der spezifischen Gruppenmoral der Korporation durchaus noch verhältnismäßig ist. Die staatlichen Gerichte könnten bei unbestimmten Vereinsnormen ihre Prüfung auf die Feststellung beschränken, ob die vom Vereinsorgan getroffene Entscheidung für die betreffende Sportart typisch und gerecht ist[55]. Der Verein und nicht die Gerichte müssen entscheiden, ob grundsätzlich finanzielle Zuwendungen an Amateurspieler[56] zu billigen sind.

Aber auch darüber hinaus bietet sich die Möglichkeit an, den Vereinen im Wege richterlicher Selbstbeschränkung gewisse Freiräume zuzugestehen. In Betracht kommt beispielsweise eine Zurückhaltung der Richter bei der Überprüfung der im Wettkampf getroffenen Kampf-

[51] Dazu auch *Reuter*, ZGR 1980, 101, 115.

[52] So *Reuter*, ZGR 1980, 101, 104.

[53] BVerwGE 39, 197, 203 f.

[54] Ähnlich *Vieweg*, JZ 1984, 167 ff.; *Meyer-Cording*, Vereinsstrafe, S. 118.

[55] Von seinem Lösungsansatz her ähnlich *Vieweg*, JZ 1984, 167, 171 f. zur Zahlung von Siegprämien durch Dritte; vgl. auch *Preis*, DB 1971, 1572.

[56] Vgl. die Ausführungen zum Fall FC Gütersloh, oben § 13 III sowie *Westermann*, JA 1984, 393, 400 ff.

und Schiedsrichterentscheidungen. Eine umfassende richterliche Nachprüfung dieser „ad hoc"-Entscheidungen hat u. U. verheerende Auswirkungen für den Ablauf des Spielbetriebs zur Folge. So muß bei dem ungerechtfertigten Platzverweis eines Spielers daran gedacht werden, daß die betroffene Mannschaft die Wiederholung aller inzwischen ausgetragenen Spiele verlangen könnte. Da bis zur gerichtlichen Entscheidung häufig Jahre verstreichen, wäre für diesen Zeitraum der endgültige Abschluß der Meisterschaftsrunde fraglich[57].

Für diesen Bereich bietet sich auch der Abschluß von Schiedsgerichtsverträgen zwischen dem Verein und seinen Mitgliedern an[58], offeriert doch gerade die Schiedsgerichtsbarkeit für diese Probleme des Vereinswesens erhebliche Vorteile. Neben der Möglichkeit, schneller als die ordentlichen Gerichte eine Entscheidung herbeizuführen, kann durch die Wahl sachkundiger Schiedsrichter auch eine sachnahe Entscheidung erreicht werden. Im Rahmen der Schiedsgerichtsbarkeit besteht die Möglichkeit, die Öffentlichkeit auszuschließen und damit die Chance, Streitigkeiten in einem freundschaftlichen Rahmen beizulegen[59].

Allerdings muß bei Vereinigungen mit erheblicher wirtschaftlicher und sozialer Macht § 1025 Abs. 2 1. Fall ZPO beachtet werden. Nach dieser Norm ist ein Schiedsvertrag unwirksam, wenn eine Partei ihre wirtschaftliche oder soziale Überlegenheit dazu nutzt, den Vertragspartner zum Abschluß eines Schiedsvertrages zu nötigen[60].

Auf der Grundlage des hier entwickelten Lösungsvorschlags lassen sich damit sowohl für die Vereinigungen, für die Mitglieder, als auch für die Rechtsprechung interessengerechte Ergebnisse erzielen.

Dies gilt zum einen für die Fälle, in denen nach der hier vorgenommenen Differenzierung eine umfassende richterliche Nachprüfung der Vereinsstrafen nicht erfolgt. Da sich die betroffenen Mitglieder der Strafgewalt ihres Vereins durch Vereinswechsel entziehen können, werden sie durch die eingeschränkte gerichtliche Nachprüfbarkeit der

---

[57] Dafür ist der sog. Paßfälscherskandal im deutschen Eishockey ein unrühmliches Beispiel, als die Meisterschaftsrunde 1980/81 beinahe zu einer Farce wurde; vgl. insoweit den Spiegel v. 9. 3. 81, Heft 11/81, sowie die FAZ v. 7. 1. 81.

[58] Vgl. u. a. RGZ 113, 321 ff.; BGHZ 51, 255, 257; *Dütz*, S. 246; *Reichert / Dannecker / Kühr*, Rdnr. 1082; *Sauter / Schweyer*, Rdnrn. 316 ff.; *Thomas / Putzo*, § 1048 Anm. 1; *Vollkommer*, RdA 1982, 16, 31 ff.; *Vollmer*, S. 64 ff.; *Weiland*, S. 251, jeweils m. w. N.

[59] *Meyer-Cording*, Vereinsstrafe, S. 122; vgl. zu den Vor- und Nachteilen der Vereinsschiedsgerichtsbarkeit auch *Reichert / Dannecker / Kühr*, Rdnrn. 1080 f.

[60] Zu diesem speziellen Problem der Vereinsschiedsgerichtsbarkeit vgl. *Vollkommer*, RdA 1982, 16, 31 ff.; *ders.*, NJW 1983, 726 f.; *Vollmer*, S. 64 ff.; unkritisch gegenüber der Praxis des DFB jüngst *Osthoff*, S. 152 ff.

Vereinsmaßnahmen in ihren Rechten nicht ungebührlich beeinträchtigt. Ist der Betroffene dagegen zur Verwirklichung seiner Interessen auf die Mitgliedschaft in der Vereinigung angewiesen, wie es bei den Sportfachverbänden der Fall ist[61], so bedarf es zum Ausgleich der Machtungleichheit grundsätzlich einer umfassenden gerichtlichen Nachprüfung.

[61] Vgl. die ausführliche Begründung unter § 10 II.

Fünftes Kapitel

Die Ausübung von Verbandsgewalt im Bereich des Sports

Verbände sind aus sich heraus bestrebt, alle in ihre Verbandshierarchie integrierten Vereine und Personen mittel- und unmittelbar ihrer Entscheidungsmacht zu unterstellen. Sie bedienen sich dazu unterschiedlicher Rechtskonstruktionen. So werden neben typisch mitgliedschaftlichen auch vertragliche Beziehungen zu Mitgliedern und Nichtmitgliedern geknüpft. Im folgenden gilt es, diese Praxis und ihre rechtlichen Grenzen am Beispiel des Verhältnisses des Deutschen Fußball-Bundes zu den in ihm organisierten Vereinen zu erörtern.

§ 14 Organisation und Aufbau des Deutschen Fußball-Bundes

I. Der DFB als Dachverband

Der DFB vertritt mehr als 4,5 Millionen Mitglieder seiner Mitgliedsverbände und der ihnen angeschlossenen über 20 000 Vereine[1]. Es ist daher kaum verwunderlich, daß es sich beim DFB um einen der größten Sportverbände der Welt und einen der mächtigsten Verbände in Deutschland handelt.

Ein Verband dieser Größenordnung bedarf für seine vielfältigen Aufgaben einer klaren Strukturierung. Das Verständnis der organisatorischen Stellung der Dachverbände setzt die Kenntnis der verschiedenen Verbandsaufbautypen voraus.

Man unterscheidet im wesentlichen die horizontale und die vertikale Gliederung. Bei horizontaler Gliederung gründen eine Anzahl Vereine mit gleichem oder ähnlichem Zweck einen Spitzenverband, um die Interessen der einzelnen Vereine und deren Mitglieder einheitlicher und wirksamer vertreten zu können. Die Vereine behalten ihre Selbständigkeit, sie werden korporative Mitglieder des Verbandes. Bei vertikaler Gliederung besteht der Spitzenverein bereits, eher die Untergliederungen geschaffen werden. Kann der Verein seine Angelegenheiten zentral nicht mehr bewältigen, werden Untergliederungen gebildet. Der Ver-

---

[1] Quelle: Amtliche Mitteilungen des DFB vom 30. September 1983, S. 4.

ein wird dann seine Mitglieder gebietsweise zusammenfassen und Landes-, Bezirks- und Ortsgruppen bilden. Die so geschaffenen Untergruppen sind an sich unselbständige Rechtsgebilde, wobei bei dieser Art von Spitzenverein zu beachten ist, daß nicht die einzelnen Untergruppen Mitglieder des Spitzenvereins sind, sondern die jeweiligen Einzelpersonen.

Der Aufbau des DFB entspricht der horizontalen Gliederung. Er ist ein rechtsfähiger, eingetragener Verein i. S. der §§ 21, 55 ff. BGB mit Sitz in Frankfurt. Der innere Aufbau ist weitgehend föderalistischen Tendenzen[2] unterworfen und unterlag seit 1950, als der DFB als Verein im bürgerlich rechtlichen Sinne von seinen Mitgliedsverbänden zur Wahrnehmung seiner überregionalen und internationalen Zuständigkeiten gegründet wurde, keinen wesentlichen Änderungen. Als Spitzenverband bildet er dabei in den ihm übertragenen Bereichen[3] die höchste, grundsätzlich allen Verbänden und Vereinen übergeordnete Instanz; ordentliche Mitglieder sind nur die fünf Regional- und die fünfzehn Landesverbände, nicht dagegen die einzelnen Vereine und deren Mitglieder.

Lediglich die achtzehn Bundesliga-Vereine[4] werden für die Zeit ihrer Zugehörigkeit zur Fußballbundesliga als außerordentliche Mitglieder in den DFB aufgenommen[5]. Weder Amateur- noch Lizenzspieler können jedoch dem Dachverband unmittelbar beitreten. Innerhalb der Verbandshierarchie bilden die vier Regionalverbände[6] und der Verband Berliner Ballspielvereine, der auch die Stellung eines Regionalverbandes innehat, die nächste Stufe. Mitglieder der Regionalverbände sind ihre jeweiligen Landesverbände[7], denen wiederum die einzelnen Fußballvereine als Mitglieder angehören[8]. Sowohl der DFB[9] als auch die Regionalverbände[10] haben einen Gebietsschutz für ihre Mitglieder satzungsmäßig verankert, so daß eine Monopolstellung der Mitgliedsverbände durch die Satzung des jeweils übergeordneten Verbandes gesi-

---

[2] *Ernst*, S. 118 f.; *Graf*, S. 11 f.

[3] Vgl. § 3 der DFB-Satzung; danach wird dem DFB insbesondere übertragen: Durchführung internationaler Veranstaltungen, die deutsche Fußballmeisterschaft, Ausbildung und Zulassung von Trainern, verbindliche Interpretation von internationalen Regeln sowie nach § 5 Abs. 2 b der Satzung Fragen des bezahlten Fußballsports.

[4] Die Vereine der 2. Fußballbundesliga sind nicht außerordentliche Mitglieder des DFB, sondern lediglich Mitglieder ihrer Landesverbände.

[5] Vgl. § 6 Abs. 3 DFB-Satzung.

[6] § 6 Abs. 2 DFB-Satzung: Westdeutscher, Süddeutscher, Norddeutscher und Südwestdeutscher Fußballverband.

[7] § 6 Abs. 2 DFB-Satzung; vgl. auch § 7 WFV-Satzung.

[8] Dazu *Ernst*, S. 120 f.

[9] Vgl. §§ 7 Abs. 2, 12 DFB-Satzung.

[10] Vgl. u. a. §§ 8 Abs. 1, 11 WFV-Satzung.

chert ist. Die Landesverbände haben ihren Verbandsbereich in Bezirke und Kreise aufgegliedert, ohne diesen Untergruppen eine rechtliche Selbständigkeit zukommen zu lassen[11]. Unterste Gruppe in der Verbandshierarchie bilden schließlich die Vereine und ihre Mitglieder. Einfluß auf die Willensbildung im Verband können sie nur über die auf Kreis- und Bezirksebene stattfindenden Verbandstage nehmen[12].

II. Die Organe des DFB

Der DFB regelt seinen Geschäftsbereich durch Ordnungen und Entscheidungen seiner Organe; er übt dadurch gegenüber den Mitgliedern seine Verbandsgewalt[13] aus[14].

Organe des DFB sind[15]:

— der Bundestag

— der Beirat

— der Vorstand

— das Präsidium

— die Bundesausschüsse

— die Rechtsorgane.

Neben dem DFB-Bundestag, der das höchste Gremium des DFB ist und dessen Aufgaben im wesentlichen denen einer Mitgliederversammlung entsprechen, dem Vorstand, dem die Vertretung des DFB obliegt[16], und der sich als Exekutivorgan darstellt[17] finden in der Öffentlichkeit besonders die Organe und die Gremien Beachtung, die unmittelbar Einfluß auf die Rechtsbeziehungen zu den Vereinen der 1. und 2. Fußballbundesliga und zu den Lizenzspielern ausüben. Dies sind der Beirat, der Ligaausschuß, der Kontrollausschuß, die Rechtsorgane des DFB[18] sowie die Versammlung Lizenzspielervereine.

---

[11] Die Landesverbände sind nach der zuvor gegebenen Definition somit vertikal gegliedert.

[12] Lediglich die Lizenzvereine sind beispielsweise im WFV auf den Verbandstagen begrenzt stimmberechtigt, vgl. § 16 Abs. 2 und 3 WFV-Satzung.

[13] Unter dem Begriff Verbandsgewalt wird allgemein das Recht eines Verbandes verstanden, die Einhaltung der Verbandsordnung durch geeignete Maßnahmen zu sichern, vgl. ausführlicher unter § 16.

[14] *Ernst*, S. 128.

[15] Vgl. § 16 DFB-Satzung.

[16] § 31 Abs. 1 DFB-Satzung.

[17] So *Baumann*, S. 9.

[18] Vgl. zum Aufbau und Verfahren der Sportgerichtsbarkeit des DFB die ausführliche Zusammenstellung bei *Vollkommer*, RdA 1982, S. 16, 17 ff.

§ 15 Die Rechtsbeziehung zwischen dem Dachverband und den Vereinen

Bei der Darstellung der Rechtsbeziehung zwischen dem einzelnen Verein und dem Dachverband DFB ist grundsätzlich zwischen den Bundesligavereinen, den Vereinen der 2. Fußballbundesliga und den Amateurvereinen zu unterscheiden. Zunächst sollen die Grundlagen der Rechtsbeziehung zwischen dem Dachverband und der jeweiligen Vereinsgruppe dargestellt werden.

I. Grundlagen der Rechtsbeziehung

1. Die Amateurvereine

Jeder Fußballverein ist Mitglied seines Landesverbandes[1]. Auch bei den Landesverbänden handelt es sich um selbständige Vereine im bürgerlich-rechtlichen Sinne. Die Landesverbände sind Mitglieder sowohl in ihrem Regionalverband als auch im DFB. Über die Mitgliedschaft der Landesverbände im Dachverband ist auch der einzelne Amateurverein dem DFB mittelbar verbunden, die dieser zur Ausübung seiner Verbandsinteressen nutzt. So hat der DFB in § 5 Ziff. 4 seiner Satzung die von ihm erlassenen Ordnungen, Statuten und Entscheidungen seiner Organe für die Mitgliedsverbände, ihre Vereine und deren Mitglieder für verbindlich erklärt und die Mitgliedsverbände verpflichtet, dies auch zu gewährleisten[2]. Dieser Forderung sind die Regionalverbände[3] ebenso wie die Mehrzahl der einzelnen Vereine[4] nachgekommen.

Durch ihre Mitgliedschaft in einem Landesverband sind die Amateurvereine dem DFB mittelbar vereinsrechtlich verbunden. Wesentlich für die Beurteilung der Rechtsbeziehung ist dann aber die Frage, ob durch diese mittelbare Mitgliedschaft auch mitgliedschaftliche Bindungen entstehen.

Der Bundesgerichtshof[5] hat in einer grundlegenden Entscheidung im Jahre 1958 festgestellt, daß der Erwerb der Mitgliedschaft in einem Verein die formelle Aufnahme in selbigen voraussetzt. Nur dies entspreche einer natürlichen Betrachtungsweise[6]. Folglich bedarf es auch bei einem stufenmäßigen Vereinsaufbau, bei dem ein Verein, gegebenenfalls auch mit mehrfacher Staffelung oder Stufung, Mitglied des

---

[1] Zur Rechtsbeziehung auch *Schweighard*, S. 10; *Buchner*, RdA 1982, 2 ff.

[2] Vgl. §§ 5 Ziff. 4, 13 Abs. 1 DFB-Satzung.

[3] Vgl. z. B. § 12 Abs. 5 lit. a BFV-Satzung, §§ 5 Abs. 1, 12 Ziff. 1 u. 2 WFV-Satzung.

[4] So *Buchner*, RdA 1982, S. 2.

[5] BGHZ 28, 131, 134.

[6] a. A. *Bauernfeind*, NJW 1959, 379.

sogenannten Dachvereins[7] ist, einer dahingehenden Willenserklärung der Beteiligten.

Die Beitrittserklärung kann nur dahingehend ausgelegt werden, daß nur die Mitgliedschaft in einem bestimmten Verein erworben werden soll. Für einen anderen Erklärungsinhalt bedarf es ansonsten konkreter Anhaltspunkte[8]. Dann aber fehlt es bei mittelbaren vereinsrechtlichen Beziehungen zum Dachverband an dem für die Begründung einer Vereinsmitgliedschaft erforderlichen sozialrechtlichen Vertrag.

Ist aber in der Satzung des Mitgliedsvereins korrespondierend mit der Verbandssatzung eine Doppelmitgliedschaft ausdrücklich vorgesehen, so enthält die Beitrittserklärung zum Verein stillschweigend auch diejenige zum Verband[9]; dieser nimmt die Erklärung generell abstrakt durch entsprechende Satzungsbestimmungen an[10].

In der Beziehung der Amateurvereine zum DFB fehlt es aber an dem erforderlichen Aufnahmevertrag. Da in der Satzung des DFB[11] die verschiedenen Mitglieder abschließend aufgezählt sind, ergibt sich für die dort nicht berücksichtigten Amateurvereine keine Mitgliedschaft im Dachverband DFB.

2. *Die Lizenzspielervereine*

Die Rechtsbeziehungen zwischen dem Dachverband und den Lizenzspielervereinen sind unterschiedlich geartet.

Zum einen stehen sie, ebenso wie die Amateurvereine, durch ihre Mitgliedschaft in ihrem Landesverband in einer mittelbaren verbandsrechtlichen Beziehung[12] zum DFB.

Darüber hinaus bestehen zwischen dem Verband und den Lizenzspielervereinen auch vertragliche Beziehungen.

In § 1 Ziff. 4 des Lizenzspielerstatuts hat der DFB bestimmt, daß Vereine, die Mannschaften in den Lizenzligen unterhalten und Spieler, die in diesen Mannschaften gegen Entgelt spielen, einer Lizenz bedürfen. Voraussetzung für die Erteilung derselben ist zunächst, daß die Vereine den in § 5 LiSpSt aufgeführten Anforderungen genügen. Danach ist neben der sportlichen Qualifikation ein Nachweis über die erforderlichen technischen und verwaltungsmäßigen Einrichtungen zu er-

---

[7] Zum Begriff siehe oben § 1 Fn. 7. Vgl. dazu auch *Lukes* in: Festschrift Westermann, S. 325, 330.

[8] So auch *Reiss*, S. 45.

[9] So auch BGHZ 28, 131, 134; *Sauter / Schweyer*, Rdnr. 324; *Reiss*, S. 46 ff., 50; *Schlosser*, S. 75.

[10] *Strieth*, S. 27; ausführlich dazu *Reiss*, S. 46 ff.

[11] Vgl. §§ 6, 7 DFB-Satzung.

[12] Vgl. § 1 Ziff. 5 LiSpSt; dazu auch *Buchner*, RdA 1982, S. 2; *Schweighard*, S. 10.

bringen. Zudem ist die wirtschaftliche Leistungsfähigkeit wesentlich für die Lizenzerteilung. Die Lizenz selbst wird durch Abschluß eines vom DFB vorgelegten Mustervertrages[13] erteilt. Mit Vertragsabschluß erhält der Verein die Erlaubnis, die Bundesliga als Vereinseinrichtung des DFB bzw. die 2. Bundesliga als solche der Regionalverbände zu den vom DFB festgesetzten Regeln zu benutzen. Im Gegenzug verpflichten sich die Vereine im Rahmen der Bundesliga bzw. 2. Fußballbundesliga, die Statuten und Ordnungen des DFB sowie die Durchführungsbestimmungen einzuhalten und die Vorschriften für die Benutzung der Vereinseinrichtungen, wie sie in der DFB-Satzung, dem Lizenzspielerstatut und den sonstigen Ordnungen des DFB enthalten sind, zu beachten[14].

Darüber hinaus müssen die Vereine für die Einhaltung dieser Bestimmungen durch „Mitglieder, Angestellte, Dritte, insbesondere Anhänger oder Gönner"[15] Sorge tragen und Verstöße durch diesen Personenkreis gegebenenfalls dem DFB melden[16]. Gegenstand des Vertrages ist weiterhin eine Vertragsstrafenabrede[17] der Parteien für den Fall der Verletzung von Vertragspflichten durch den Lizenzspielerverein. Danach sollen die „zuständigen" Organe des DFB berechtigt sein, gemäß § 315 BGB Strafen festzusetzen, wobei Verwarnung, befristete Sperre des Vereins, Aberkennung von Punkten, Platzsperren, Geldstrafen und Lizenzentzug als zulässige Vertragsstrafen vereinbart werden[18].

Verbunden mit dem Lizenzvertrag ist aber auch für die Vereine der Bundesliga, nicht aber für diejenigen der 2. Fußballbundesliga, ein außerordentliches Mitgliedschaftsverhältnis im Dachverband DFB. Dies ergibt sich sowohl aus der Satzung des DFB[19] als auch unmittelbar aus dem Lizenzvertrag[20] selbst.

Mit Abschluß dieses Vertrages unterwirft sich der Lizenzverein zudem ausdrücklich auch der Vereinsgewalt des DFB[21]; diese Unterwerfungserklärung steht somit neben der Vertragsstrafenabrede.

II. Bewertung der Rechtsbeziehung zu den Lizenzspielervereinen

Bei einer Bewertung der Rechtsbeziehung zwischen dem DFB und den Lizenzspielervereinen ist einerseits zwischen den Bundesligaver-

[13] Vgl. Anhang Nr. 1 zum LiSpSt..
[14] Vgl. § 5 lit. b Lizenzvertrag DFB-Verein.
[15] Vgl. § 5 lit. c Lizenzvertrag DFB-Verein.
[16] Ebd.
[17] § 6 Lizenzvertrag DFB-Verein.
[18] Ebd.
[19] Vgl. § 7 Nr. DFB-Satzung.
[20] Vgl. § 2 Lizenzvertrag DFB-Verein.
[21] Vgl. § 2 Abs. 3 Lizenzvertrag DFB-Verein.

einen der 2. Fußballbundesliga sowie andererseits zwischen dem Stadium vor und nach Erteilung einer Vereinslizenz zu unterscheiden.

Bis zur Erteilung einer Lizenz entspricht die Rechtsstellung dieser Vereine gegenüber dem DFB derjenigen der Amateurvereine. In dieser Phase bestehen daher zwischen Verein und DFB keine mitgliedschaftlichen Bindungen[22].

Nach Erteilung der Lizenz werden die Beziehungen zwischen Verein und DFB im wesentlichen durch den Lizenzvertrag bestimmt. Da dieser Vertrag unterschiedliche Bestimmungen für Bundesligavereine und Vereine der 2. Fußballbundesliga vorsieht, ist bei der folgenden Untersuchung der Rechtsbeziehungen zwischen DFB und Lizenzspielerverein zwischen den genannten Vereinstypen zu unterscheiden.

1. *Die Bundesligavereine*

Die Bundesligavereine werden nach § 2 Abs. 1 Satz 1 des Lizenzvertrages außerordentliche Mitglieder im DFB. Der Abschluß des Vertrages begründet somit, zumindest formal, ein Mitgliedschaftsverhältnis im Dachverband.

Aus dieser Regelung läßt sich aber nicht zwingend folgern, daß die Beziehung der Bundesligavereine zum DFB allein mitgliedschaftlich strukturiert ist. Einerseits ist zu bedenken, daß den Bundesligavereinen nicht alle Rechte zugesprochen werden, die zugunsten der ordentlichen Mitglieder statuiert sind. Zum anderen wird die Beziehung zwischen Verband und Verein im wesentlichen durch den Lizenzvertrag geprägt. Die Beurteilung der Rechtsbeziehung zwischen den Bundesligavereinen und dem DFB wird durch die Frage bestimmt, ob ihre Stellung innerhalb des DFB den wesentlichen Anforderungen einer Vereinsmitgliedschaft genügt und welche Bedeutung dem Lizenzvertrag zukommt.

a) Mitgliedschaftliche Beziehungen

Unter einer Vereinsmitgliedschaft wird üblicherweise die Gesamtheit der körperschaftlichen Beziehungen zwischen Mitglied und Verein verstanden, wobei man unterschiedlichen Mitgliedschaftsstellungen und Mitgliedschaftsrechten begegnet. Zu unterscheiden ist die ordentliche und die außerordentliche Mitgliedschaft. Erstere ist der Regelfall und wird bestimmt durch eine Gleichstellung — Gleichberechtigung und gleiche Verpflichtung[23] — mit dem überwiegenden Teil der vorhande-

---

[22] RG ZAKDR 37, 655; KG JW 1937, 554.
lung einer Lizenz vgl. *Vollkommer*, NJW 1983, 726.
[23] *Werner*, S. 106.

nen Mitglieder[24]. Die außerordentlichen Mitglieder genießen Sonderrechte und andere, zumeist weniger Pflichten als die ordentlichen Mitglieder. Diese Sonderrechte und Sonderpflichten müßten in der Satzung festgelegt sein[25]. Allgemein werden als außerordentliche Mitglieder anerkannt: Korrespondierende und unterstützende bzw. fördernde, Passiv- oder Ehrenmitglieder[26].

Auch wenn die Bundesligavereine als außerordentliche Mitglieder bezeichnet werden[27], so gehören sie doch offensichtlich keiner dieser Untergruppen an, bei denen es sich um mehr oder weniger an den Verein „angelehnte" Mitglieder handelt. Vielmehr sind die Bundesligavereine als eine besondere Gruppe der ordentlichen Mitglieder anzusehen. Dem steht auch nicht entgegen, daß die Vereine nur beschränkte Mitgliedschaftsrechte haben. Es ist anerkannt, daß unterschiedliche Regelungen der Mitgliedschaftsrechte durch sachliche Erwägungen gerechtfertigt sein können[28]. Als solche sind innerhalb des DFB die unterschiedliche Aufgabenstellung der Verbände einerseits und der Bundesligavereine andererseits anzusehen. So würde eine völlige Gleichstellung der Vereine mit den Regional- bzw. Landesverbänden unter Umständen sogar gegen den Gleichbehandlungsgrundsatz im Dachverband verstoßen[29], da die Delegierten der Verbände eine erhebliche Anzahl Mitglieder zu repräsentieren, die Bundesligavereine demgegenüber nur ihre eigenen Interessen zu vertreten haben. Stellt sich somit die Ungleichbehandlung gegenüber den Verbänden als durchaus gerechtfertigt dar, so ist auch festzustellen, daß den Bundesligavereinen genau *die* Rechte satzungsgemäß zugewiesen worden sind, die sie benötigen[30], nämlich ein Benutzungsrecht der Vereinseinrichtung Bundesliga und das Teilnahmerecht[31] einschließlich Stimm- und Antragsrecht auf dem DFB-Bundestag. Hinsichtlich der Mitgliedspflichten sind sie im übrigen den Mitgliedsverbänden gleichgestellt[32]. Im Ergebnis kann man daher nicht von einer nur formalen Mitgliedschaft der Bundesligavereine sprechen[33].

---

[24] *Larenz*, BGB AT § 10 III a; *Lehmann / Hübner*, § 61 IV 2; *Märkle*, S. 63; *Reichert / Dannecker / Kühr*, Rdnr. 221 f.; *Sauter / Schweyer*, Rdnr. 335.

[25] *Larenz*, BGB AT § 10 III a; *Reichert / Dannecker / Kühr*, Rdnr. 226; *Sauter / Schweyer*, Rdnr. 344; BGH, MDR 1970, 913.

[26] *Reichert / Dannecker / Kühr*, Rdnr. 223.

[27] § 6 Abs. 3 DFB-Satzung.

[28] RG, JW 1938, 1329; BGH LM § 39 Nr. 2.

[29] So *Steffen* in: RGRK § 32, Rdnr. 14 für ähnlich gelagerte Fälle.

[30] *Buchner*, RdA 1982, 1, 3.

[31] § 11 Nr. 4 DFB-Satzung.

[32] § 13 Abs. 2 DFB-Satzung.

[33] a. A. *Buchner*, RdA 1982, 1, 3.

b) Vertragliche Beziehungen

Fraglich bleibt dann aber die Bedeutung des Lizenzvertrages für die Beziehung der Bundesligavereine zum DFB.

Nach heute einhelliger Auffassung stellt sich der Aufnahmeakt in einen Verein als Vertrag dar[34]. Mit Abschluß dieses Vertrages akzeptiert der Beitretende pauschal die aufgestellten Bedingungen, nach denen sich die Rechtsbeziehungen gestalten sollen[35]. Dabei werden die der Mitgliedschaft entspringenden Pflichten übernommen und die Rechte aus der Mitgliedschaft gegen Verein bzw. Verband erlangt[36]. Die Rechte und Pflichten bestehen kraft Gesetzes[37], ergeben sich aus der Vereinssatzung[38] sowie auch aus den Regelungen des Aufnahmevertrages[39]. Überträgt man diese allgemeinen Grundsätze auf das Verhältnis der Bundesligavereine zum DFB, so ist der Lizenzvertrag als Aufnahmevertrag, der Abschluß des Lizenzvertrages somit als vertraglich vereinbarter Vereinsbeitritt einzuordnen. Für diese Schlußfolgerung spricht schon, daß der DFB in § 6 seiner Satzung ausdrücklich die Bundesligavereine als außerordentliche Mitglieder aufführt. Insoweit hat sich die Rechtslage gegenüber dem Zustand verändert, von dem Baumann[40] in seiner Dissertation und auch Westermann[41] bei der Beurteilung der Rechtsstellung der Bundesligavereine ausgingen. Dabei ist unbeachtlich, daß nach § 1 Abs. 5 LiSpSt die Lizenzspielervereine auch noch Mitglieder ihrer Landesverbände bleiben.

Auch aus dem Inhalt des Lizenzvertrages ergeben sich keine gegenteiligen Anhaltspunkte. Insoweit ist es auch unbedenklich, daß der Vereinsbeitritt an einen bestimmten Umstand, die Zugehörigkeit zur Fußballbundesliga, geknüpft wird und auch die Dauer der Mitgliedschaft davon abhängig ist. Eine Vereinsmitgliedschaft kann mit dem Vorliegen bestimmter in der Vereinssatzung festgelegter Umstände so

---

[34] So u. a. RGZ 100, 1, 2; BGHZ 28, 134; 37, 160, 164; BayObLGZ 1959, 463; LG Münster, MDR 1974, 309, 310; *Bauernfeind*, S. 39; *Enneccerus / Nipperdey*, § 112 II; *Erman / Westermann*, § 38, Rdnr. 3; *O. v. Gierke*, Privatrecht § 64; *Hadding* in: StudK § 39 Anm. 1; *ders.* in: Festschrift Fischer, S. 177, 189, 193; *Henke*, S. 89; *ders.* in: Bonner Kommentar, Art. 21, Rdnr. 54; *Larenz*, BGB AT § 10 III b; *Meyer-Cording*, Rechtsnormen, S. 91; *Nicklisch*, JZ 1976, 105, 113; *Palandt / Heinrichs*, § 38 Anm. 1 b; *Reuter* in: Münchner Kommentar § 38 Rdnr. 17; *Steffen* in: RGRK § 38, Rdnr. 17; *Schultze-v. Lasaulx* in: Soergel / Siebert, BGB § 38, Rdnr. 10, 12; *Staudinger / Coing*, § 35, Rdnr. 26 u. Vorb. zu §§ 21 - 54, Rdnrn. 38, 50.

[35] *Werner*, S. 127.

[36] Ebd.

[37] Vgl. §§ 21 ff. BGB.

[38] *Brox*, BGB AT Rdnr. 710, *Hading* in: StudK § 38 Anm. 1.

[39] *Werner*, S. 127 ff.

[40] *Baumann*, S. 21 ff.

[41] *Westermann*, Verbandsstrafgewalt, S. 26 ff.

verknüpft werden, daß bei deren Wegfall auch die Mitgliedschaft ex nunc entfällt[42]. Allgemein anerkannt ist dies beispielsweise beim Berufswechsel hinsichtlich der Zugehörigkeit zu einem Berufsverband sowie bei der Abhängigkeit der Mitgliedschaft in einem religiösen Verein von der Zugehörigkeit zu einer Religionsgemeinschaft. Insoweit vergleichbar kann demnach auch die Mitgliedschaft der Vereine an die Zugehörigkeit zur Bundesliga geknüpft werden. Muß der Verein die Bundesliga verlassen, entfällt ex nunc oder zu einem festzusetzenden Zeitpunkt die Mitgliedschaft im DFB. Der Lizenzvertrag ist somit als Beitrittsvertrag eines Bundesligavereins zum DFB zu bewerten.

Fordert man mit der absolut herrschenden Meinung für den Aufnahmeakt in einen Verein einen Vertrag[43], so ist ein solcher in dem Lizenzvertrag zwischen dem DFB und den Vereinen zu sehen. Der bisherige Streit in der Literatur, welche Relevanz[44] den Lizenzverträgen in der Beziehung der Bundesligavereine zum DFB überhaupt zukommt, ist insoweit eindeutig zugunsten einer konstitutiven Wirkung, nämlich als vertraglich vereinbarter Vereinsbeitritt, zu entscheiden.

2. Die Vereine der 2. Fußball-Bundesliga

Die Vereine der 2. Fußballbundesliga sind dem DFB durch ihre Mitgliedschaft in einem Landesverband ebenso wie Amateurvereine mittelbar verbunden[45]. Durch den Abschluß des für alle Lizenzspielervereine vorformulierten Lizenzvertrages entstehen aber auch für diese Vereinsgruppe unmittelbare Rechtsbeziehungen zum DFB, die aber nicht auf Aufnahme mitgliedschaftlicher Bindungen gerichtet sind.

Im folgenden soll daher untersucht werden, welcher Art die so begründeten Beziehungen zum DFB sind.

a) Inhalt des Lizenzvertrages

Mit Abschluß des Lizenzvertrages erhalten die Vereine vom DFB die Erlaubnis, am Spielbetrieb der 2. Fußballbundesliga teilzunehmen. Bei dieser Spielklasse handelt es sich um eine aufgrund eines Vertrages zwischen den Regionalverbänden und dem Verband Berliner Ballspiel-

---

[42] *Schultze-v. Lasaulx* in: *Soergel / Siebert,* BGB § 38 Rdnr. 17; *Steffen* in: RGRK § 38 Rdnr. 7.

[43] Vgl. die oben (Fn. 34) angeführte Literatur.

[44] *Ernst,* S. 145 f. mißt den Verträgen deklaratorische Bedeutung bei; nach *Baumann,* S. 28, bilden sie die „juristische Klammer" zwischen DFB und Verein, sind nicht konstitutiv, aber auch mehr als „deklaratorisch"; *Westermann,* Verbandsstrafgewalt, S. 36 f., hält sie für konstitutiv, teilweise präzisierend; *Weiland,* S. 41, legt den Lizenzverträgen eine rein konstitutive Wirkung bei.

[45] Siehe zu den Amateurvereinen die Ausführungen soeben unter § 15 I 1.

vereine errichtete gemeinsame Vereinseinrichtung dieser Verbände[46]. Zugleich haben diese Verbände dem DFB die Befugnis erteilt, über die Zulassung der einzelnen Vereine zu ihrer Vereinseinrichtung zu entscheiden und die entsprechenden Lizenzen zu erteilen.

Der Lizenzvertrag entspricht demjenigen, durch den die Vereine der 1. Bundesliga gleichzeitig ihre mitgliedschaftlichen Bindungen[47] begründen. In den Verträgen der Vereine der 2. Bundesliga ist daher gleichfalls eine Vertragsstrafenabrede[48] und eine ausdrückliche Unterwerfung unter die Vereinsstrafgewalt des DFB vorgesehen. Speziell diese Vereinsgruppe unterwirft sich zusätzlich der Vereinsstrafgewalt der Regionalverbände. Auch bei diesen Lizenzverträgen findet sich somit eine Kumulation typisch vereinsrechtlicher und rein vertraglicher Regelungen. Um die Art der durch den Lizenzvertrag begründeten Rechtsbeziehungen zu ergründen, soll der in § 2 des Vertrages vereinbarte „vereinsrechtliche Teil“ näher untersucht werden.

b) Vereinsrechtliche Beziehungen

Für Lizenzspieler im Bundesligafußball ist im Schrifttum[49] erörtert worden, ob nicht aufgrund der ausdrücklichen Unterwerfung unter die Vereinsstrafgewalt und angesichts der mit einer Nutzung der Bundesliga als Vereinseinrichtung verbundenen faktischen Integration in den Dachverband spezielle Rechtsbeziehungen „mitgliedschaftsähnlicher Art“ entstanden sind[50].

So argumentiert Baumann[51], daß im Bereich des kommerzialisierten Sports Lizenzspieler und Lizenzspielervereine in faktischer und juristischer Hinsicht in den Verband integriert seien. Die sich aus dieser faktischen Integration ergebenden Beziehungen hätten einen speziell vereinsrechtlichen Charakter, bei denen es sich nicht um mitgliedschaftliche, aber auch nicht um vertragliche Privatrechtsverhältnisse handele. Auch Bruder[52] sieht vorrangig „quasi-mitgliedschaftliche“ und keine vertraglichen Beziehungen[53].

Dieser Ansicht im Schrifttum stehen erhebliche Bedenken entgegen, stellen doch die Vertreter bei ihrer Argumentation das rein tatsächliche Verhalten in Form der Teilnahme am Spielbetrieb in den Vor-

---

[46] § 2 LiSpSt.

[47] s. o. § 15 II 1.

[48] § 6 Lizenzvertrag DFB-Verein.

[49] *Baumann*, S. 44; *Bruder*, MDR 1973, 897, 898; *Samstag*, 13 ff., 52; *Schweighard*, S. 48; *Steffen* in: RGRK § 25 Rdnr. 18; *Ernst*, S. 140 f., 146.

[50] So ausdrücklich *Samstag*, S. 52.

[51] *Baumann*, S. 44.

[52] *Bruder*, MDR 1973, 897, 898.

[53] Ähnlich auch *Samstag*, S. 13 ff., 52; *Schweighard*, S. 48; *Steffen* in: RGRK § 25 Rdnr. 18; *Ernst*, S. 140 f., 146, der allein auf eine faktische Integration abstellt.

dergrund, ohne aber die Frage zu beantworten, wie aus einem faktischen Verhalten überhaupt eine rechtliche Beziehung entstehen kann[54]. So bleibt dann auch ungeklärt, welche Relevanz angesichts des faktischen Verhaltens überhaupt noch den Lizenzverträgen zukommen kann. Zudem wird auch der Inhalt der Vereinsautonomie mißverstanden, wollte man über den Bereich der Korporation hinaus allein aufgrund tatsächlich vorhandener soziologischer Ähnlichkeiten mit der Vereinsmitgliedschaft spezielle Rechtsverhältnisse „quasi-mitgliedschaftlicher" oder „mitgliedschaftsähnlicher" Art begründen[55].

Gibt es aber zwischen den Vereinen und Nichtmitgliedern keine Rechtsbeziehungen eigener Art, so kann es sich bei der in § 2 des Lizenzvertrages vereinbarten „vereinsrechtlichen Regelung" nur um eine vertragliche Beziehung handeln.

III. Zusammenfassung

Die vorstehenden Ausführungen lassen die Feststellung zu, daß seitens des Dachverbandes DFB eine Vielzahl von Regelungen getroffen worden ist, die bei der Beurteilung der Rechtsbeziehungen zwischen dem einzelnen Verein und dem Verband zu berücksichtigen sind. Der einzelne Amateurverein ist durch seine Mitgliedschaft im Landesverband des DFB nur mittelbar verbunden; es besteht keine mitgliedschaftliche Beziehung.

Die Rechtsbeziehung der Lizenzspielervereine zum DFB beruht dagegen sowohl über die Landesverbände auf einer „mittelbaren vereinsrechtlichen" Bindung als auch auf einer Vertragsbeziehung als Folge der Lizenzerteilung.

Während diese Vertragsbeziehung für die Vereine der 2. Fußballbundesliga ausschlaggebend ist, sind die Vereine der 1. Bundesliga durch ihre außerordentliche Mitgliedschaft im Dachverband dem DFB auch mitgliedschaftlich verbunden. Es bestehen somit zwischen den Fußballvereinen und dem Dachverband teilweise kumulativ mitgliedschaftliche, vertragliche oder mittelbar vereinsrechtliche Beziehungen.

§ 16 Die Verbandsgewalt des DFB gegenüber den einzelnen Vereinsgruppen

Zur Durchsetzung seiner Verbandsinteressen muß der DFB bestrebt sein, unmittelbaren Einfluß auf jeden einzelnen der in seinem Verband

[54] So zu Recht *Weiland*, S. 38.

[55] Ebenso ablehnend zur Konstruktion speziell mitgliedschaftsähnlicher Verhältnisse *Schlosser*, S. 77 f., 80; *Preis*, S. 24 u. 92 f., 93; *Becker*, S. 35; *Horschitz*, S. 138 f.

organisierten Vereine zu haben, d. h. Verbandsgewalt ausüben zu können. Unter dem Begriff ‚Verbandsgewalt' wird allgemein[1] das Recht eines Verbandes verstanden, die Einhaltung der im Rahmen der Verbandsautonomie aufgestellten Satzungen und Ordnungen durch Strafen und sonstige Maßnahmen zu sichern. Angesichts der vielfältigen unterschiedlichen Beziehungen des Dachverbandes zu den einzelnen Vereinsgruppen, versucht der DFB seine Verbandsgewalt mittels unterschiedlicher Rechtskonstruktionen auszuüben.

I. Die Verbandsgewalt des DFB gegenüber den Mitgliedsvereinen

1. Die Vereinsstrafgewalt des DFB

Die Vereine der 1. Fußballbundesliga sind außerordentliche Mitglieder im Dachverband DFB. Da somit zwischen dem Verband und den Vereinen eine mitgliedschaftliche Beziehung besteht, unterliegen die Vereine auch der Vereinsgewalt des DFB. In dem Vereinslizenzvertrag, dem Aufnahmevertrag der Vereine[2], findet sich jedoch neben der Unterwerfungserklärung unter die Vereinsstrafgewalt[3] eine Vertragsstrafenklausel[4]. Die Benutzungsregeln der Vereinseinrichtung Bundesliga werden damit sowohl vereinsrechtlich als auch vertraglich gesichert. Ob das vom DFB insoweit vorgesehene Wahlrecht bei der Ausübung seiner Vereinsgewalt rechtlich unbedenklich ist, bedarf einer eingehenden Erörterung.

2. Die Festsetzung von Vertragsstrafen gegenüber Vereinsmitgliedern

Im allgemeinen ist der vom DFB beabsichtigte Dualismus von Vereins- und Vertragsstrafen sinnlos und kommt daher kaum vor. Mit diesem sucht der DFB sowohl den Zweifeln[5] an seinen vertraglichen Beziehungen zwischen Dachverband und Bundesligaverein als auch einer konträren Ansicht in der Rechtsprechung gerecht zu werden.

Das OLG Frankfurt[6] hatte sich in einer Entscheidung aus dem Jahre 1973 gerade gegen die Möglichkeit ausgesprochen, Vereinsstrafgewalt gegenüber Nichtmitgliedern auszuüben. In derartigen Fällen sei die Tätigkeit der Sportgerichte nicht mehr als die Wahrnehmung vertraglicher Gestaltungsrechte.

---

[1] Vgl. dazu nur *Becker*, S. 22 und *Ernst*, S. 30 ff.

[2] Vgl. oben § 15 II 1 a.

[3] § 2 Lizenzvertrag DFB-Verein.

[4] § 6 Lizenzvertrag DFB-Verein.

[5] Vgl. etwa *Ernst*, S. 145 ff.

[6] OLG Frankfurt, NJW 1973, 2208.

Daraufhin hatte der DFB seine entsprechenden Strafandrohungen vollständig harmonisiert, d. h. der Lizenzvertrag sieht als Vertragsstrafe dieselben Strafen vor, die im Vereinsstrafenkatalog der DFB-Satzung aufgeführt sind[7]. Mit dieser doppelten Absicherung will der Verband allen Eventualitäten vorbeugen, um seine Verbandsgewalt zumindest mittels einer der beiden Rechtsgrundlagen durchsetzen zu können.

Zur Zulässigkeit einer solchen Kumulation von vereins- und vertraglichen Sanktionsmöglichkeiten finden sich in der Rechtsprechung und Literatur kaum Ausführungen[8].

Klarstellend sei zunächst hervorgehoben, daß ein Verein sicherlich mit seinen Mitgliedern vertragliche Vereinbarungen treffen kann, soweit die speziell vereinsrechtlichen Beziehungen nicht berührt werden[9]. Beispiele hierfür sind die Vermietung des Vereinsheims an ein Clubmitglied sowie Verträge über die Bewirtschaftung der Clubanlagen. Auch ein Vereinsmitglied ist so zu behandeln wie jeder andere Vertragspartner.

Bei dem Vereinslizenzvertrag handelt es sich aber nicht um eine zusätzliche vertragliche Bindung, werden doch gerade die mitgliedschaftlichen Beziehungen zwischen dem Verband und dem einzelnen Mitglied durch diesen Aufnahmevertrag[10] begründet. Da die Errichtung der Fußballbundesliga zu den Verbandsaufgaben des DFB gehört, wird einem Mitglied, und nicht einem Dritten, ein Mitgliedschaftsrecht gewährt. Es wird die Erlaubnis erteilt, die Vereinseinrichtung Bundesliga im Rahmen des üblichen Spielbetriebes zu nutzen. Die mit einem Mitgliedschaftsverhältnis zusammenhängenden Fragen werden aber nach den speziellen vereinsrechtlichen und nicht nach vertraglichen Regeln abgewickelt.

Können aber durch den Verein bei der Verletzung mitgliedschaftlicher Pflichten auch Vertragsstrafen festgesetzt werden? Bejaht werden muß diese Frage, wenn man im Meinungsstreit über die Frage der Rechtsnatur der Vereinssatzung[11] der Vertragstheorie folgt, die das Verhältnis zwischen Verein und Mitglied als rein vertraglicher Art ansieht. Zwei im wesentlichen inhaltsgleiche vertragliche Bindungen wären aber offensichtlich überflüssig. Sieht man dagegen mit der hier

---

[7] Vgl. § 6 des Lizenzvertrages Verein — DFB einerseits und § 43 der DFB-Satzung andererseits; siehe auch die Ausführungen von *Osthoff*, S. 110 unter Berufung auf den DFB.

[8] Vgl. aber die Ansätze bei *Meyer-Cording*, Vereinsstrafe, S. 54 ff. und *Weiland*, S. 46 ff.

[9] So auch BGHZ 21, 370, 373; *Steffen* in: RGRK § 25 Rdnr. 25; *Reichert / Dannecker / Kühr*, Rdnr. 651; *Weiland*, S. 47.

[10] s. Ausführungen oben § 15 II 1 b.

[11] s. dazu die Ausführungen oben § 3.

vertretenen Ansicht die Satzung als Katalog vereinsrechtlicher Rechtsnormen an[12], so stellt sich erst im Rahmen so verstandener vereinsrechtlicher Beziehungen die Frage nach der Zulässigkeit einer Vertragsstrafenabrede. Die Beantwortung hängt dann vom Wesen der Vereinsstrafe ab, handelt es sich dabei um eine Vertragsstrafe oder um eine arteigene Strafe der Korporation?

Hat man sich in dem dogmatischen Streit um die Rechtsnatur der Satzung einmal entschieden, so präjudiziert dies dann auch, wiederholen sich doch die Argumente, die Beantwortung der hier gestellten Frage[13]. Trotzdem seien die entscheidenden Gesichtspunkte kurz dargestellt[14].

Vertragsstrafen sind Bestandteile privatrechtlicher Verträge zwischen in der Regel zwei gleichgestellten Partnern. Dabei ist das Vertragsverhältnis vom Prinzip der Koordination geprägt, so daß schon aus diesem Grunde eine echte Strafe von einem Vertragspartner nicht ausgesprochen werden kann. Ziel der Vertragsstrafenabrede ist regelmäßig die Sicherstellung der Vertragserfüllung, die Möglichkeit einer Entschädigung des Gläubigers auch bei Nichtvermögensschaden sowie der Verzicht auf einen konkreten Schadensnachweis[15]. Die Vertragsstrafe steht somit nur in unmittelbarem Zusammenhang mit dem Inhalt des Vertrages und dient primär als Zwangs- und Druckmittel gegenüber dem Schuldner. Kommt es dann zu einer Vertragsstrafe, so hat sie für den Gläubiger eine Schadensersatzfunktion, für den Schuldner stellt sie sich aber nicht als „bestrafen" im Sinne von Vergeltung[16] dar.

Im Vereinsrecht tritt an die Stelle des Koordinationsprinzips des Vertragsrechts die Vorstellung der Subordination der Mitglieder unter die Gruppenorganisation[17]. Durch diesen Gruppenzusammenhang wird die Vereinsstrafe geprägt und hat schon insoweit den Boden des Vertragsrechts eindeutig verlassen. Sie ist innerhalb der Gruppe als Disziplinierungsmittel anzusehen und hat dabei Zwecke zu erfüllen, die der gewöhnlichen Vertragsstrafe fremd sind. So wirkt sie unter anderem general-präventiv zur Abschreckung der zum Ungehorsam neigenden Mitglieder, auch beinhaltet sie ein der Vertragsstrafe fremdes soziales Unwerturteil gegenüber dem Gruppenmitglied[18].

---

[12] Vgl. die ausführliche Begründung oben § 3 III.

[13] *Enneccerus / Nipperdey*, § 112 IV, 28.

[14] Ausführlich dazu insbes. *Meyer-Cording*, Vereinsstrafe, S. 56 ff.; siehe aber auch oben § 2 die Ausführungen zur Rechtsnatur der Satzung.

[15] BGHZ 63, 269; *Erman / Westermann*, vor § 339 Rdnr. 1; *Söllner* in: Münchner Kommentar, vor § 339 Rdnr. 3.

[16] *Horschitz*, S. 39.

[17] Vgl. dazu oben § 2 III.

[18] Vgl. dazu u. a. *Beuthien*, S. 6; *Meyer-Cording*, Vereinsstrafe, S. 61; *ders.* in: JZ 1959, 650; *ders.* in: NJW 1966, 227; *Horschitz*, S. 39; *Spieß*, S. 34.

Die Problematik wird insbesondere am Beispiel der nachträglichen Bestrafung der Lizenzspielervereine bei Verstößen gegen die ihnen erteilten wirtschaftlichen Auflagen deutlich. Nach § 8 LSpSt hat der Ligaausschuß vor Gewährung der jeweils auf 1 Jahr befristeten Vereinslizenz die wirtschaftliche Leistungsfähigkeit des Lizenzspielervereins zu prüfen. Aufgrund des Ergebnisses kann die Lizenzerteilung mit Auflagen wirtschaftlicher Art verknüpft werden. Kommt der Verein dann im Laufe der Saison diesen Auflagen nicht nach, so ist der Verband nach § 6 des Vereinslizenzvertrages berechtigt, eine Vertragsstrafe zu verhängen. Da ein solcher Verstoß seitens des DFB auch als ‚unsportliches Verhalten' des Lizenzspielervereins bewertet wird, besteht darüber hinaus auch die Möglichkeit, eine Vereinsstrafe zu verhängen.

Von Verstößen gegen seine Auflagen wird der DFB zumeist erst bei einer neuen Wirtschaftlichkeitsprüfung nach Auslaufen der auf 1 Jahr befristeten Lizenz Kenntnis erlangen. Die Festsetzung einer Vertragsstrafe ist daher nur rückwirkend möglich. Die Vertragsstrafe dient aber im wesentlichen dazu, dem Gläubiger die Durchsetzung seiner Interessen an einer ordnungsgemäßen Vertragserfüllung zu ermöglichen; die Vertragsstrafenverpflichtung ist der Hauptpflicht insoweit accessorisch.

Ist aber die Spielzeit beendet und die Vereinslizenz ausgelaufen, so sind die Hauptpflichten der Vertragspartner erbracht. Damit dient die Verhängung einer Vertragsstrafe nicht mehr der Sicherung einer Hauptpflicht. Auch Schadensersatzansprüche, die durch die Strafe verfolgt werden könnten, sind nicht entstanden. Da sich die finanziellen Risiken für den Spielbetrieb der Bundesliga bis zum Abschluß der Saison nicht negativ ausgewirkt haben, hatte der Verstoß gegen die wirtschaftlichen Auflagen keinen Schaden zur Folge. Ebenso scheidet hier die sogenannte Genugtuungsfunktion, die im Rahmen des Schadensersatzes für Persönlichkeitsverletzungen für die Anerkennung einer Privatstrafe herangezogen wurde[19], offensichtlich aus.

Will der Verband somit nach Ablauf der Saison für den Verstoß gegen wirtschaftliche Auflagen eine Strafe verhängen, so hat diese im wesentlichen nur eine Abschreckungsfunktion für die Zukunft, und zwar nicht allein für den betroffenen Verein[20]. Die Vertragsstrafe kann aber eine solche Funktion nicht ausüben, sie ist daher zur Sicherung mitgliedschaftlicher Pflichten nicht geeignet.

Darüber hinaus ist in den Vereinsstatuten nur ein Strafrahmen vorgesehen, innerhalb dessen das Vereinsorgan die Strafe festsetzen kann. Ebenfalls besteht meist eine Wahlmöglichkeit zwischen Geldstrafe und anderen Strafen wie Verweis, Punktabzug, Sperre und Vereinsaus-

---

19 *Großfeld*, Die Privatstrafe, S. 100 ff.

20 *Westermann*, JA 1984, 394 ff., *ders.* Verbandsstrafgewalt, S. 47.

schluß[21]. Sieht man aber die Vereinsstrafe als Vertragsstrafe an, so ist für das Vertragsrecht die Festsetzung einer im freien Ermessen des Vereinsorgans stehenden Sanktion zumindest ungewöhnlich. Das Reichsgericht[22] suchte sich durch eine Anwendung der §§ 315 ff. BGB zu helfen, nach denen eine unbestimmt gehaltene vertragliche Abrede ergänzt werden kann.

Die Bestimmung einer vertraglich nicht fixierten Leistung mag nun allenfalls passen, wenn es gilt, die Höhe einer Geldstrafe festzulegen, wird aber zwischen Verweis und Vereinsausschluß gewählt, so ist nicht zu erkennen, worin insoweit die Bestimmung einer Leistung gesehen werden könnte[23]. Für die Beurteilung der Vorgänge des Vereinsstrafverfahrens sind die Regelungen des Vertragsrechts nicht geeignet. Schließlich wäre es aber nicht nur soziologisch unangemessen, sondern auch rechtsdogmatisch unbefriedigend, würde man aus der Sicht der modifizierten Normentheorie die Sicherung der mitgliedschaftlichen Pflichten durch eine Vertragsstrafenabrede zulassen. Eine Vertragsstrafe kann daher nicht zur Sicherung mitgliedschaftlicher Pflichten vereinbart werden.

Ist die Vereinsstrafe somit als Strafe „eigener Art" zu qualifizieren, so bleibt noch unbeantwortet, ob denn *neben* der Unterwerfung unter die Vereinsstrafgewalt die Vereinbarung einer Vertragsstrafe zulässig ist. Hat man sich aber gegen die Möglichkeit ausgesprochen, vereinsrechtliche Bindungen durch eine Vertragsstrafe zu sichern, so muß man konsequenterweise auch eine zusätzliche vertragliche Bindung als unzulässig ansehen, würde man den Vereinen dann doch eine systemwidrige Wahlmöglichkeit eröffnen. Der Verein könnte ansonsten in das für ihn jeweils günstigere Recht flüchten. Will man nicht „Einbruchspforten"[24] für eine mißbräuchliche Handhabung der Vereinsstrafgewalt eröffnen, kann für die vereinsrechtliche Beziehung nur die Rechtsordnung des Vereins Anwendung finden. Nur diese bietet das spezifische Instrumentarium.

Die in § 6 des Lizenzvertrages vorgesehene Vertragsstrafenabrede ist daher unzulässig. Die Beziehungen zwischen dem DFB und den Bundesligavereinen sind rein vereinsrechtlicher Natur.

II. Die Verbandsgewalt des DFB gegenüber Nichtmitgliedern

Im Gegensatz zu den Vereinen der Fußballbundesliga gehören die Amateurvereine und die Vereine der 2. Fußballbundesliga dem DFB

[21] § 43 DFB-Satzung.

[22] RG ZAKDR 37, 655; KG JW 1937, 554.

[23] So auch *Meyer-Cording*, Vereinsstrafe, S. 58 f.

[24] So *Meyer-Cording*, Vereinsstrafe, S. 63, zur Frage, ob Vereinsstrafen als Vertragsstrafen anzusehen sind.

nicht als Mitglieder an. Diese beiden Vereinsgruppen sind aber durch ihre Mitgliedschaft in einem Landesverband in die Verbandshierarchie des DFB integriert. Es fragt sich daher, ob diese mittelbare Mitgliedschaft der Vereine alleine schon die Ausübung einer Verbandsgewalt durch den Dachverband rechtfertigt.

1. Die Verbandsgewalt gegenüber mittelbaren Mitgliedern

Eine im Schrifttum[1] vertretene Ansicht hält es auch ohne unmittelbare mitgliedschaftliche Beziehungen schon aufgrund des Verbandszweckes grundsätzlich für gerechtfertigt, auch mittelbare Mitglieder durch die Ausübung von Verbandsgewalt zu einem verbandskonformen Verhalten zwingen zu können. Danach sollen Mitglieder eines Vereins jeweils „der Gewalt" desjenigen Verbandes unterliegen, dem ihr Verein angehört. Zur Begründung dient die Konstruktion eines „mitgliedschaftsähnlichen Verhältnisses" bzw. eine insoweit freiwillige Unterwerfung des Mitglieds unter die Verbandsgewalt. Das OLG Karlsruhe[2] ist dieser Ansicht gefolgt. Zur Erstreckung der Verbandsgewalt über diesen Mitgliederkreis genügt dem OLG unter Berufung auf eine Entscheidung des Reichsgerichts[3] bereits der Beitritt eines Vereins zum Dachverband.

Schon daraus ließen sich „gewisse unmittelbare Beziehungen" zwischen Verband und mittelbarem Mitglied, also dem Nichtmitglied, gewinnen. Dieser Kreis sei daher ebenfalls der Disziplinargewalt des Verbandes unterworfen.

Diese Ansicht verkennt aber die Grundlagen der Verbandsgewalt, beruht diese doch unmittelbar auf dem den Vereinen gewährten Selbstverwaltungsrecht[4], also der Befugnis der Vereine zur Gestaltung der inneren Vereinsangelegenheiten. Durch die Anerkennung einer Strafgewalt wird den Vereinen lediglich das Recht zugestanden, die Einhaltung der im Rahmen der Autonomie aufgestellten Ordnungen durch Strafen zu sichern. „Gewisse unmittelbare Beziehungen" zu Nichtmitgliedern gehören aber nicht zu den inneren Vereinsangelegenheiten; es handelt sich vielmehr um einen Bereich, der allein die Außenbeziehungen des Verbandes betrifft. Die Angehörigen eines Mitgliedsvereins sind nicht notwendig Mitglieder des übergeordneten Verbandes[5].

[1] *Staudinger / Coing*, BGB § 25, Rdnr. 13; *Deneke* in: RGRK BGB § 25, Rdnr. 7; *Sunderdiek*, S. 22.

[2] OLG Karlsruhe, OLGZ 1970, 300; so wohl auch kürzlich noch LG Frankfurt, NJW 1983, 761, 763.

[3] RG, Seuff Archiv Bd. 59 Nr. 118; ähnlich auch RG, JW 1906, 416; BGH LM Nr. 2 zu § 35 BGB.

[4] s. o. § 1.

[5] BGHZ 28, 131, 134; so im Ergebnis auch *Lukes* in: Festschrift Westermann, S. 325, 331; *Reiss*, S. 50, *Schlosser*, S. 75; vgl. auch zur Mitgliedschaft im Dachverband die Ausführungen oben unter § 15 I 1.

Fehlt es aber an derartiger Verbandsmitgliedschaft, so kann allein die zufällige Betätigung in einem vom Verband organisierten Bereich nicht zur Anwendung der Verbandsgewalt ausreichen. Die entgegenstehende Ansicht des OLG Karlsruhe[6] führt vielmehr zu einer nicht vertretbaren Konsequenz: Bei Großvereinen, die mittelbar oder als Mitglieder allen Sportverbänden angehören, deren Sportarten ausgeübt werden, bestände eine Verbandsgewalt aller Verbände über alle Vereinsmitglieder. Dies ist aber weder praktikabel noch für den Verband, den Verein und dessen Mitglied wünschenswert.

Der DFB kann daher allein aufgrund der mittelbaren Mitgliedschaft der Amateurvereine seine Verbandsgewalt nicht ausüben.

2. Die Verbandsgewalt aufgrund von Überleitungs- und Vermittlungsbestimmungen

Der DFB sucht den dargestellten rechtlichen Bedenken durch die Aufnahme sogenannter Überleitungs- und Vermittlungsbestimmungen in das Regelwerk zu begegnen.

Nach den §§ 5 Nr. 4, 13 Nr. 1 c DFB-Satzung sind die vom Verband erlassenen Ordnungen, Statuten und Entscheidungen der Organe für die Mitgliedsverbände und die ihnen angeschlossenen Vereine grundsätzlich verbindlich. Entsprechende Bestimmungen weisen die Satzungen der Regional- und Landesverbände auf. Auch die Mehrzahl der Vereine[7] unterwirft sich in ihrer Satzung dem DFB.

Entgegen der Ansicht des BGH[8] wird aber durch eine solche Erklärung keine Verbandsgewalt gegenüber den Nichtmitgliedern begründet. Vielmehr stellt sich ein Einhalten der übernommenen Bestimmungen lediglich als Mitgliedschaftspflicht gegenüber dem Verein dar, dessen Satzung durch die Verbandsregeln erweitert wird. Daher wird durch die Vermittlungsbestimmungen nur die bereits bestehende Strafgewalt des Vereins um die anerkannten Satzungen und Ordnungen des Dachverbandes erweitert[9].

Allein durch die Anerkennung der Verbandsbestimmungen kann Verbandsgewalt nicht unmittelbar ausgeübt werden. Hierzu bedarf es der ausdrücklichen Übertragung der Vereinsgewalt auf den Verband. § 13 Nr. 1 d DFB-Satzung sieht eine solche Verpflichtung der Mitgliedsverbände und der diesen mitgliedschaftlich verbundenen Vereine vor. Nach den Vorstellungen des DFB soll jeder Verbandsangehörige auch ohne mitgliedschaftliche Beziehungen durch Übertragung von Vereins-

---

[6] OLG Karlsruhe, OLGZ 1970, 300.

[7] *Buchner*, RdA 1982, S. 2.

[8] Vgl. BGH, LM § 35 Nr. 2.

[9] So schon *Ernst*, S. 84; *Habscheidt* in: Sport und Recht, S. 165 f.

gewalt der Verbandsmacht unterworfen sein. Diese Praxis des DFB ist aber nur dann unbedenklich, wenn die Ausübung von Vereinsstrafgewalt über Nichtmitglieder grundsätzlich möglich ist.

3. *Die Verbandsgewalt aufgrund vertraglicher Vereinbarung*

Will man die Vereinsgewalt des Dachverbandes über Angehörige von Mitgliedsvereinen erstrecken, so kommt in unserem Rechtssystem dafür nur eine rechtsgeschäftliche Vereinbarung zwischen den Beteiligten in Betracht.

Die dogmatische Zulässigkeit einer solchen vertraglichen Unterwerfung durch ein Nichtmitglied hat Lukes[10] nachgewiesen. Nach ihm ist Ausgangspunkt der Beantwortung die in § 305 BGB für das Privatrecht manifestierte Vertragsfreiheit. Diese garantiert nicht nur die Freiheit des Vertragsabschlusses, sondern auch die innere Gestaltungsfreiheit im Rahmen der gesetzlichen Schranken. Insoweit ist es auch unbedenklich zulässig, daß sich ein Nichtmitglied zur Befolgung vereinsrechtlicher Regelungen verpflichtet und in diesem Zusammenhang auch eigene Rechte gegen den Verein erlangt[11]. Der Vollzug der anerkannten Vereinsregeln und der auf diesen beruhenden Sanktionen erfolgt dann durch die weitergehende Verpflichtung des Nichtmitglieds, auch die Gestaltung seines Rechtsbereichs durch Vereinsakte hinzunehmen.

Demnach ist es auch im Rahmen der Vertragsfreiheit als dogmatisch durchaus zulässig anzusehen, den Vereinen die Befugnis einzuräumen, Gestaltungsakte zum Vollzug der Vereinsrechtssätze und Sanktionen gegenüber Nichtmitgliedern vorzunehmen. Es könnten jedoch einer solchen Vertragsbindung elementare Grundsätze des Vereinsrechts entgegenstehen.

Gegen die Statthaftigkeit der Unterwerfung der Nichtmitglieder unter die Vereinsgewalt ist eingewandt worden, eine solche Bindung schalte elementare mitgliedschaftliche Befugnisse wie Mitsprache und Mitbestimmungsrechte aus[12].

Diesen Einwänden sucht Lukes[13] mit dem Hinweis zu begegnen, das Nichtmitglied erhalte gewissermaßen als Äquivalent für die fehlende körperschaftliche Berechtigung durch die Nutzung der Vereinseinrichtung auch eine Förderung seiner Interessen. So könne beispielsweise

---

[10] *Lukes* in: Festschrift Westermann, S. 325 ff.

[11] BGH, WPM 1972, 1249; *Becker*, S. 26; *Habscheidt* in: Sport und Recht 1972, S. 158, 165; *Weiland*, S. 41; *Lukes* in: Festschrift Westermann, S. 325 ff., führt als Beispiel auch die Vertragspraxis der Gema an.

[12] So *Nicklisch*, einstweiliger Rechtsschutz, S. 25; *Ernst*, S. 90, 143; *Samstag*, S. 11; *Becker*, S. 36.

[13] *Lukes* in: Festschrift Westermann, S. 344.

doch der Lizenzspieler, aber auch der Lizenzverein, die Vereinseinrichtung der DFB-Bundesliga benutzen und daraus eigene wirtschaftliche Vorteile ziehen. Die durch den Vertrag für das Nichtmitglied geschaffenen Möglichkeiten zur Verfolgung eigennütziger Interessen seien im Ergebnis der Interessenlage eines Vereinsmitglieds mit körperschaftlicher Berechtigung adäquat[14]. Daher dürfe auch die Erstreckung der Vereinsgewalt sachlich gegenständlich nur auf den Bereich beschränkt werden, der genau dieser Interessenverfolgung des Nichtmitglieds im Rahmen des Vertrages entspreche.

Die von Lukes vorgenommene Kompensation fehlender Beteiligungsrechte durch eine spezielle Förderung der Interessen der Nichtmitglieder begegnet aber erheblichen Bedenken. Auch „echte" Mitglieder erfahren doch eine Förderung ihrer Interessen durch die Nutzungsmöglichkeit der Vereinseinrichtungen; daneben stehen ihnen aber auch die mitgliedschaftlichen Partizipationsbefugnisse zu[15]. Die von Lukes vorgenommenen Überlegungen könnten nur dann zwingend sein, wenn wie im Fall des DFB für die echten Mitglieder[16] gerade keine Nutzungsmöglichkeit der Vereinseinrichtung Bundesliga besteht. Aus dieser besonderen Fallkonstellation kann aber nicht der allgemeine Schluß gezogen werden, daß eine wie auch immer gelagerte Förderung der Interessen der Nichtmitglieder die fehlenden Mitsprache- und Mitbestimmungsrechte ausgleichen kann.

Es besteht vielmehr im allgemeinen die Gefahr, daß durch die so vorgenommene Unterwerfung der Nichtmitglieder unter die Vereinsgewalt, ein Vereinsmitgliedschaftsstatus zweiter Klasse mit im wesentlichen gleichen Pflichten, aber ohne jegliche Mitwirkungs- und Vermögensrechte geschaffen wird.

Eine solche Einrichtung würde aber gerade dem Wesen der Vereinsautonomie widersprechen, beruht diese doch auf dem Selbstbestimmungs- und Selbstverwaltungsrecht der Mitglieder[17]. Durch die Anerkennung der Vereinsgewalt wird den Vereinen lediglich das Recht zugestanden, die Einhaltung der im Rahmen ihrer Autonomie aufgestellten Vereinsordnungen zu sichern. Die Mitwirkung der Mitglieder bei den Entscheidungen des Vereins ist daher als Korrelat ihrer Unterwerfung unter die Vereinsgewalt anzusehen. Den Nichtmitgliedern fehlen aber solche Mitwirkungsbefugnisse.

Im Ergebnis kann daher eine Erstreckung der Vereinsgewalt auf Nichtmitglieder nur dann erfolgen, wenn durch den Vertrag die Interessen des Nichtmitglieds gefördert werden und dieses als Äquiva-

---

[14] *Lukes* in: Festschrift Westermann, S. 340.

[15] Auf diesen Gesichtspunkt weist *Weiland*, S. 45 (Fn. 38) hin.

[16] Nach § 6 Abs. 2 DFB-Satzung die Regional- und Landesverbände.

[17] s. o. § 1.

lent für eine damit verbundene Unterwerfung unter die Vereinsgewalt Mitsprachebefugnisse erhält[18].

Nicht erforderlich ist es allerdings, den Nichtmitglidern umfassende Beteiligungsrechte für den gesamten Vereinsbereich zu gewähren. Unter Berücksichtigung der Gedanken von Lukes[19] muß es genügen, die Partizipation der Nichtmitglieder auf den Bereich zu beschränken, in dem sie eine Förderung ihrer Interessen erfahren.

Die formelle Abwicklung eines solchen Rechtsgeschäfts wäre dabei zweitrangig. So könnte beispielsweise ein Mitgliedsverein für seine Mitglieder in Stellvertreterrolle oder in Botenstellung bei der Abgabe der Willenserklärung tätig werden[20]. Unbedenklich ist es insoweit auch, wenn ein nachgeordneter Verein durch eine Unterwerfungserklärung in seiner Satzung ausdrücklich die Einbuße an Selbstverwaltungsrecht und Strafgewalt billigt[21] und sich eine korrespondierende Bestimmung in der Satzung des übergeordneten Vereins findet. Für die Weiterübertragung auf den Dachverein bedürfe es dann weiterer korrespondierender Bestimmungen.

Am Beispiel der Amateurvereine und der Vereine der 2. Bundesliga soll im folgenden die Verbandsgewalt des DFB über diese Nichtmitglieder untersucht werden.

III. Verbandsgewalt des DFB über Amateurvereine und Vereine der 2. Fußball-Bundesliga

Eine Erstreckung der Vereinsgewalt auf Nichtmitglieder ist nach den voranstehenden Ausführungen grundsätzlich unter bestimmten Voraussetzungen möglich. Genügen aber die Rechtsbeziehungen zwischen dem DFB und den Amateurvereinen bzw. den Vereinen der 2. Fußballbundesliga diesen Anforderungen?

1. Die Amateurvereine

Allein aufgrund ihrer Mitgliedschaft in einem Landesverband unterliegen die Amateurvereine nicht der Verbandsgewalt des DFB. Da aber zwischen dem einzelnen Verein und dem DFB keine unmittelbaren vertraglichen Rechtsbeziehungen bestehen, kommt für die Ausübung der Verbandsgewalt durch den Dachverband nur eine satzungsmäßige Ermächtigung in Betracht.

---

[18] So im Ergebnis auch *Weiland*, S. 95 für sog. Quasimitglieder.

[19] *Lukes in:* Festschrift Westermann, S. 334 ff.

[20] *Lukes* in: Festschrift Westermann, S. 331.

[21] So ausdrücklich LG Frankfurt, Urteil vom 22. 12. 1965 in Sachen Hertha BSC Berlin ./. DFB, abgedruckt bei *Rauball*, Bundesligaskandal, S. 38 ff., 46; ebenso BGH NJW 1958, 1867.

Nach § 13 Ziff. 1 d DFB-Satzung sind die Mitglieder des DFB, also die Landes- und Regionalverbände, verpflichtet, ihre eigene und die ihnen von ihren Mitgliedern überlassene Vereinsstrafgewalt dem DFB zur Ausübung im Rahmen seiner Zuständigkeit zu übertragen. Für eine wirksame Übertragung der Vereinsstrafgewalt auf den Dachverband ist es aber erforderlich, daß diese in einer ununterbrochenen Kette vom Verein über den Landesverband und den Regionalverband zum DFB vermittelt wird. Ausgangspunkt muß eine Satzungsbestimmung sein, nach der der Verein seine eigene Strafgewalt zur Ausübung durch den übergeordneten Verband und den DFB ausdrücklich abtritt[22].

Häufig fehlt aber bereits eine solche Bestimmung. So findet sich in der Satzung des Fußball-Oberligavereins SC Preussen Münster e. V. keine entsprechende Abtretungserklärung. Zwar werden in § 4 der Satzung[23] „die Satzungen, Ordnungen und Auflagen" der überregionalen Verbände anerkannt, für die Übertragung der Strafgewalt finden sich aber keine Anhaltspunkte. Vielmehr sieht die Satzung des Vereines mit dem Ehrenrat ein eigenes Rechtsorgan vor[24].

Differenzierter ist dagegen die Regelung bei BV Borussia 09 e. V. Dortmund. Die Satzung enthält in § 5[25] die ausdrückliche Übertragung

---

[22] LG Frankfurt, Urt. v. 22. 12. 1965 in Sachen Hertha BSC Berlin ./ DFB, abgedruckt bei *Rauball*, Bundesligaskandal, S. 38 ff., 46.

[23] § 4 der Satzung von SC Preussen Münster e. V. v. November 1982:
Der Verein ist Mitglied der überregionalen Sportverbände in den Sportarten, in denen er sich durch seine Sportabteilungen jeweils betätigt. Die Satzungen, Ordnungen und Auflagen dieser Verbände werden anerkannt und erfüllt. Nach Maßgabe dieser Vorschriften regelt der Verein seine Angelegenheiten selbständig.

[24] § 29 der Satzung von SC Preussen Münster e. V. v. November 1982:
Der Ehrenrat besteht aus fünf Mitgliedern, wobei ein Mitglied die Befähigung zum Richteramt haben soll. Die Disziplinargewalt liegt beim Ehrenrat. Er hat insbesondere die Aufgabe, persönliche Streitigkeiten und Ehrenverfahren zu behandeln. Er ist hinsichtlich der ihm übertragenen Aufgaben an keine Weisung eines anderen Vereinsorgans gebunden ...

[25] § 5 der Satzung vom Ballspielverein Borussia 09 (BVB) e. V. Dortmund v. September 1979:
Verbandszugehörigkeit

Satzung und Ordnungen des DFB sind in ihrer jeweiligen Fassung für den Verein und seine Mitglieder unmittelbar verbindlich. Diese materiellen Bestimmungen oder Organisations- und Zuständigkeitsvorschriften sind die vom DFB als zuständigem Sportverband aufgestellten und damit allgemein im deutschen Fußballsport anerkannten Regeln.

Der Bundesligaverein gehört dem DFB als außerordentliches Mitglied unmittelbar, der Verein der 2. Liga gehört dem DFB mittelbar an. Der Bundesligaverein und der Verein der 2.Liga sind Mitglied ihres Landes- und/oder Regionalverbandes, die ihrerseits Mitglieder des DFB als des Dachverbandes sind. Aufgrund der unmittelbaren Zugehörigkeit des Bundesligavereins und der mittelbaren Zugehörigkeit des Vereins der 2. Liga zum DFB und der Bestimmungen über die Maßgeblichkeit von DFB-Satzung und -Ordnungen in der Satzung des Landes- (und Regional)verbandes und der unmittelbaren oder mittelbaren Zugehörigkeit des Vereins zum Landes- und/oder Regionalder Vereinsstrafgewalt auf den DFB, soweit die Bundesliga bzw. 2. Fußballbundesliga als Vereinseinrichtung der übergeordneten Verbände berührt ist. Damit unterliegen aber beispielsweise die Amateurmannschaften des Vereins gerade nicht der Verbandsgewalt des DFB.

Sehen einzelne Vereinssatzungen[26] eine ausdrückliche und unbeschränkte Übertragung der Vereinsgewalt auf den DFB vor, so bedarf es für deren Wirksamkeit korrespondierender Bestimmungen in den Satzungen der Landesverbände.

Überraschenderweise findet sich aber in der Satzung des ‚Westfälischen Leichtathletik- und Fußballverbandes' keine solche Regelung.

---

verband sind auch die DFB-Satzung und die DFB-Ordnungen — insbesondere das Lizenzspielerstatut, die Spielordnung und die Rechts- und Verfahrensordnung und die Regionalverbandsvorschriften für den Verein verbindlich, soweit sie sich auf die Benutzung der Vereinseinrichtung Bundesliga, 2. Liga, die Betätigung bei der Benutzung sowie bei Sanktionen bei Verstößen gegen die Benutzungsvorschriften und den Ausschluß von der Benutzung beziehen. Dies gilt auch für Entscheidungen der DFB-Organe und -Beauftragten bzw. der Organe und Beauftragten des Regionalverbandes gegenüber dem Verein, insbesondere auch, soweit Vereinssanktionen gemäß § 43 der DFB-Satzung verhängt werden.Der Verein unterwirft sich der Vereinsgewalt des DFB, des Landes- und/oder Regionalverbandes, die durch die vorstehend genannten Regelungen und Organentscheidungen einschließlich der Sanktionen ausgeübt wird.

Der Verein überträgt dem Landes- und/oder Regionalverband seine eigene Vereinsgewalt über sein Mitglieder zur Ausübung, soweit es um die Benutzung der Vereinseinrichtung 2. Liga, die Betätigung bei der Benutzung sowie um Sanktionen bei Verstößen gegen die Benutzungsvorschriften und den Ausschluß von der Benutzung geht. Er ermächtigt gleichzeitig den Landes- und/oder Regionalverband, die ihm zur Ausübung überlassene Vereinsgewalt weiter an den DFB zur Ausübung zu übertragen.

Die Unterwerfung unter die Vereinsgewalt des DFB, des Landes- und/oder Regionalverbandes sowie die Übertragung der Vereinsgewalt zur Ausübung erfolgen, damit Verstöße gegen die obengenannten Bestimmungen und Entscheidungen verfolgt und durch Sanktionen geahndet werden können.

[26] So beispielsweise § 33 der Satzung des 1. FC Köln 01/07 e. V. vom Oktober 1973:

(1) Satzung und Ordnungen des Deutschen Fußballbundes (DFB), die einer einheitlichen Ordnung des deutschenFußballsports dienen und nicht im Widerspruch zu dieser Satzung stehen, sind in ihrer jeweiligen Fassung für den Verein und seine Mitglieder unmittelbar verbindlich. Diese Bestimmungen, Organisations- und Zuständigkeitsvorschriften sind die vom DFB als dem zuständigen Sportverband aufgestellten und allgemein im deutschen Fußballsport anerkannten Regeln. Unmittelbar verbindlich sind auch Entscheidungen, die von den nach Satzung und Ordnungen des DFB zuständigen Organen gegenüber den Vereinen getroffen werden.

(2) Der Verein überträgt dem Westdeutschen Fußball-Verband (WFV) hiermit seine eigene Vereinsgewalt über seine Mitglieder zur Ausübung. Gleichzeitig ermächtigt er den WFV, auch diese ihm zur Ausübung überlassene Vereinsgewalt weiter an den DFB zur Ausübung zu übertragen. Die Übertragung der Vereinsgewalt zur Ausübung erfolgt, damit der DFB Verstöße gegen seine Satzung und Ordnungen, insbesondere Verstöße gegen Anständigkeit und Sportlichkeit im Fußballsport, und solche gegen Benutzungsvorschriften seiner Vereinseinrichtungen, verfolgen und durch Vereinsstrafen und Maßnahmen ahnden kann.

Dieser Landesverband verlangt weder von seinen Mitgliedsvereinen die Abtretung der Vereinsgewalt, noch überträgt der Verband seine eigene Vereinsgewalt auf die übergeordneten Verbände[27]. Fehlt aber in der Satzung eine solche Bestimmung, so ist die Vermittlungskette Amateurverein zum Dachverband DFB unterbrochen. Rechtlich unbeachtlich ist es daher, wenn beispielsweise der Westdeutsche Fußballverband seinerseits in § 5 Abs. 1[28] der Satzung die eigene und die ihm überlassene Vereinsgewalt dem DFB ausdrücklich überträgt.

Selbst wenn ein Landesverband die vom DFB geforderte Bestimmung übernimmt, so wird es aber an der für die Übertragung der Vereinsgewalt auf den Dachverband erforderlichen speziellen Interessenförderung des Nichtmitgliedes fehlen. Für den Amateurverein bietet der DFB nämlich keine eigene Vereinseinrichtung an; er stellt als Verband lediglich den Rahmen, den die Landesverbände gemeinsam mit den Vereinen durch den Spielbetrieb ausgestalten. Eine spezifische Förderung der Interessen und Bedürfnisse der Amateurvereine erfolgt durch den DFB aber nicht. Bedenkt man, daß die Verbandsgewalt prinzipiell in der Vereinsautonomie begründet ist, so kann eine allgemeine Förderung des Amateursports nicht als Äquivalent für die Unterwerfung des Nichtmitglieds ausreichen.

Schließlich fehlt es auch an den spezifischen Mitwirkungsrechten der Vereine, wird deren Einfluß in der Verbandshierarchie über Kreis-, Landes-, Regional- zur Bundesebene doch nahezu völlig absorbiert. Als Basis des Verbandes bedarf diese Gruppe aber konkreter Beteiligungsrechte.

Es ist daher im Ergebnis festzustellen, daß der Dachverband DFB keine Verbandsgewalt über die ihm nicht mitgliedschaftlich verbundenen Vereine ausüben kann.

2. Die Vereine der 2. Fußball-Bundesliga

Bei Abschluß des Lizenzvertrages unterwerfen sich die Vereine der 2. Fußballbundesliga ausdrücklich der Vereinsstrafgewalt des DFB[29]. Diese vertragliche Unterwerfung korrespondiert mit den satzungsmä-

---

[27] Der Verband erklärt sich lediglich an die Satzungen und Ordnungen der übergeordneten Verbände gebunden, soweit seine Satzungen und Ordnungen nicht etwas anderes bestimmen. (§ 3 Ziff. 2 FLVW-Satzung Stand: 1984).

[28] § 5 der Satzung des WFV Stand: 1984

(1) Der WFV ist Mitglied des DFB. Er unterwirft sich den für ihn verbindlichen Satzungen, Ordnungen und Entscheidungen des DFB; die eigene und die dem WFV von seinen Mitgliedern überlassene Vereinsstrafgewalt wird dem DFB im Rahmen seiner Zuständigkeit zur Ausübung übertragen.

(2) Im übrigen regelt der WFV seine Angelegenheiten selbständig.

(3) ...

[29] Vgl. § 2 des Lizenzvertrages zwischen dem Verein und dem DFB.

ßigen Unterwerfungserklärungen der Zweitligavereine[30]. Damit stellt sich für die Wirksamkeit der Unterwerfungserklärung die Frage, ob neben einer Interessenförderung den Vereinen auch die erforderlichen[31] Mitwirkungsbefugnisse zugebilligt werden.

Zunächst fällt auf, daß der DFB in seinem Regelwerk ein ganzes System von Mitwirkungs- und Mitbestimmungsrechten auch für diese Vereinsgruppe trotz der Nichtmitgliedschaft vorgesehen hat. So werden die Interessen aller Vereine der Lizenzligen und der Lizenzspieler durch den Liga-Ausschuß wahrgenommen. Dieser Ausschuß, er setzt sich aus je sechs Vereinsvertretern der Bundesliga und der 2. Bundesliga zusammen[32], ist als gewählte Vertretung der Vereine der Lizenzligen und Lizenzspieler in den Organen des DFB anzusehen. Beispielsweise sind seine Mitglieder auf dem DFB-Bundestag vertreten[33]. Der Vorsitzende des Liga-Ausschusses ist Mitglied des DFB-Vorstandes. Dieser Ausschuß ist insbesondere für die Erteilung und Entziehung der Lizenzen sowie der damit verbundenen Wirtschaftlichkeitsprüfung der Vereine zuständig[34]. Er hat damit, abgesehen von der sportlichen Qualifikation, wesentliche Entscheidungsbefugnis hinsichtlich der Zusammensetzung der Lizenzligen. Auch speziell für die 2. Bundesliga ist nach § 5 des Gründungsvertrages ein eigener Liga-Ausschuß vorgesehen, der die Vereine im Vorstand der 2. Bundesliga vertritt. An der Abwicklung des Spielbetriebs sind die Vereine zudem durch die Wahl des Spielleiters unmittelbar beteiligt[35].

Schon diese angeführten Beispiele zeigen, daß der DFB bei der Verwaltung und Organisation des Lizenzfußballs den Vereinen wesentliche Mitwirkungsbefugnisse einräumt. Erhalten die Nichtmitglieder damit weitgehende Rechte, kann dieser Gesichtspunkt einer vertraglichen Erstreckung der Vereinsgewalt des DFB auf die Vereine der 2. Fußballbundesliga nicht entgegenstehen.

Bedenken ergeben sich demgegenüber daraus, daß die eigentliche Interessenförderung der Vereine nicht durch den DFB selbst, sondern durch die Träger der Vereinseinrichtung 2. Bundesliga, also die Regionalverbände und den VBB, erfolgt. Der DFB ist zwar der Vertragspartner der Vereine, nach den getroffenen Vereinbarungen ist er aber nicht derjenige, der den Nichtmitgliedern eine eigene Vereinseinrich-

---

[30] Vgl. u. a. § 5 der Satzung des Ballspielvereins Borussia 09 (BVB) e. V. Dortmund (Fn. 25).

[31] Vgl. § 16 II 3.

[32] § 15 Abs. 1 lit. a LiSpSt.

[33] § 18 Abs. 1 DFB-Satzung.

[34] §§ 14 II, 14 a LiSpSt.

[35] § 6 Gründungsvertrag 2. Fußball-Bundesliga.

tung zur Verfügung stellt. Ist aber eine vertragliche Erstreckung dann unbedenklich, wenn die Vereinsgewalt von einem dazu befugten Dritten ausgeübt werden soll?

Grundsätzlich muß bedacht werden, daß die Übertragung der Vereinsgewalt auf Dritte zu einer unübersehbaren Ausdehnung derselben führen kann. Es bestünde beispielsweise die Gefahr, daß sich von den Vereinen losgelöste „unabhängige Gerichte für Vereinsstrafen" bilden. Vereinsgewalt und damit auch die Verbandsgewalt gründet sich aber in der Vereinsautonomie des einzelnen Vereins. Sie kann daher nicht völlig losgelöst von diesem ausgeübt werden, würde dies doch andernfalls keine Begrenzung, sondern eine Förderung der Fehlentwicklung im Vereins- und Verbandsbereich bedeuten. Der Zusammenhang zwischen Interessenförderung, Mitwirkungsrechten und Vereinsgewalt darf grundsätzlich nicht getrennt werden.

Innerhalb des Profifußballs bestehen nun aber mitgliedschaftliche und vertragliche Bindungen zwischen dem DFB und den Verbänden. Handelt es sich zwar formal bei der 2. Bundesliga um eine Vereinseinrichtung der Regionalverbände des VBB, so hat es doch der DFB übernommen, den Profifußball in der Bundesrepublik einheitlich zu regeln.

So bestimmt § 3 der Vereinbarung der Regionalverbände mit dem DFB, daß für die Regelung der Angelegenheiten der 2. Fußballbundesliga die Vorschriften von Satzung und Ordnungen des DFB gelten. Der Einfluß der Regionalverbände auf „ihre" Vereinseinrichtung ist abgesehen vom Gnadenrecht über Strafen, die im Zusammenhang mit Spielen der 2. Bundesliga verhängt worden sind, nur minimal. Als Träger der Vereinseinrichtung haben sie keinen Einfluß auf die Zusammensetzung der Liga; was verbleibt, ist im wesentlichen die finanzielle Beteiligung.

Nur bei einer rein formalen Betrachtungsweise kann hier daher die Entscheidung von der Trägerschaft der Vereinseinrichtung abhängig gemacht werden. Bei der 2. Fußballbundesliga wird aber sowohl die Interessenförderung der Vereine als auch deren Mitwirkungsrecht im wesentlichen allein durch den DFB bestimmt. Dann ist es aber auch unbedenklich, wenn der DFB die Vereinsgewalt für diesen Bereich ausübt.

Im Ergebnis ist daher die in § 2 des Lizenzvertrages erfolgte vertragliche Unterwerfung der Vereine der 2. Bundesliga unter die Vereinsgewalt des DFB, soweit sie im Zusammenhang mit der Zugehörigkeit zur Bundesliga steht, rechtlich unbedenklich.

Einer Erörterung bedarf aber noch die Bedeutung der in § 6 des Lizenzvertrages vorgesehenen Vertragsstrafenabrede.

Bei den Bundesligavereinen ist der Nachweis erbracht worden, daß eine Kumulation mitgliedschaftlicher und vertraglicher Beziehungen unzulässig ist. Zwischen den Vereinen der 2. Fußballbundesliga und dem DFB bestehen aber gerade keine mitgliedschaftlichen Bindungen, troztdem werden dieser Vereinsgruppe durch den Lizenzvertrag typische Mitgliedschaftsrechte gewährt, nämlich Mitwirkungsrechte und die Nutzungsmöglichkeit einer Vereinseinrichtung.

Es wäre daher systemwidrig, wollte man eine solche vereinsrechtliche Beziehung durch eine Vertragsstrafenabrede sichern. Hat sich der Verein oder der Verband entschlossen, die Nichtmitglieder in diesem Sinne vereinsrechtlich an sich zu binden, so kann er sich nicht gleichzeitig auch die Möglichkeit, eine Vertragsstrafe zu verhängen, offenhalten.

Schließlich ist auch bei vertraglichen Beziehungen dieser Art zwischen einem Nichtmitglied und dem Verband das Institut der Vertragsstrafe unter Berücksichtigung der vereinbarten Strafmaßnahmen[36] ungeeignet.

Wie bereits dargelegt[37], dienen Vertragsstrafenabreden dazu, sowohl einer Vertragsverletzung vorzubeugen als auch die Wiedergutmachung von Schäden, die durch die Pflichtverletzung entstanden sind, zu erleichtern[38]. Übernimmt aber somit die Vertragsstrafe die Funktion des Schadensersatzes[39], so ist nicht ersichtlich, inwieweit der DFB einen ihm entstandenen wirtschaftlichen Schaden geltend machen kann, wenn beispielsweise ein Verein den Auflagen wirtschaftlicher Art nicht nachkommt. In einem solchen Fall liegt nicht einmal die Geltendmachung eines immateriellen Schadens vor, wie er eventuell noch in Fällen der Schädigung des Rufs und des Ansehens des Fußballsports in der Öffentlichkeit angenommen werden könnte[40]. Gerade die Bestrafung von Verstößen im Zusammenhang mit der wirtschaftlichen Leistungsfähigkeit der Vereine hat allgemein den Zweck, den Verein in Zukunft zur Einhaltung der Auflagen bei der Lizenzerteilung anzuhalten. Die bestraften Vereine können die Strafen aber auch subjektiv nicht als Ausübung der vertraglichen Gläubigerrechte, sondern nur als Bestrafung für Übertretung der Vereinsvorschriften und des Lizenzvertrages an-

---

[36] § 6 II Lizenzvertrag zwischen Verein und DFB: Als Vertragsstrafen werden vereinbart: Verwarnung, befristete Sperre des Vereins bis zu höchstens 2 Monaten, Aberkennung von Punkten, Platzsperre, Geldstrafen bis zur Höhe von DM 500 000,— sowie Lizenzentzug. Die Strafen können auch nebeneinander verhängt werden.

[37] s. o. unter § 16 I 2.

[38] RGZ 103, 99; BGH NJW 1958, 1483; *Meyer-Cording*, Vereinsstrafe, S. 59; *Esser*, Schuldrecht, § 25 II; *Westermann*, Verbandsstrafgewalt, S. 31.

[39] *Meyer-Cording*, S. 59; *Baumann*, S. 37; BayObLG NJW 1960, 292, 293.

[40] *Westermann*, Verbandsstrafgewalt, S. 46.

sehen. Ein Bestrafen im Bereich des Vereinswesens kann aber nur durch das System der Vereinsstrafen erfolgen. Die in § 7 erfolgende Vertragsstrafenabrede ist systemwidrig und daher unwirksam. Ein Lizenzverein der 2. Fußball-Bundesliga unterliegt somit nur der Vereinsstrafgewalt des DFB.

IV. Zusammenfassung

Einem Dachverband stehen zur Ausübung seines Einflusses auf alle in die Verbandshierarchie integrierten Personen und Gruppen verschiedene Möglichkeiten offen.

Der Gesetzgeber hat nur den Regelfall einer ordentlichen Mitgliedschaft dieses Personenkreises im Dachverband vorgesehen. Durch eine ununterbrochene Kette von Überleitungs- und Vermittlungsbestimmungen kann die Verbandsgewalt aber auch auf die Mitglieder der Mitgliedsverbände erstreckt werden. Darüber hinaus können Außenstehende sich vertraglich dem Verband unterwerfen.

Die Anerkennung der Vereinsautonomie und damit der Vereinsgewalt ist unmittelbar mit dem Selbstbestimmungsrecht der Mitglieder verknüpft. Die Grenze bei der Ausübung von Vereinsgewalt wird daher wesentlich durch die Mitwirkungsrechte der Mitglieder und Nichtmitglieder bestimmt.

Will der Verband über den Kreis der Mitglieder hinaus Verbandsgewalt ausüben, so müssen die Nichtmitglieder sowohl eine Förderung ihrer Interessen erfahren als auch in einem gewissen Umfange typische Mitwirkungsrechte erhalten.

§ 17 Ergebnis der Untersuchung

Als Ergebnis der vorliegenden Untersuchung läßt sich feststellen, daß die Grenzen der Sportverbands- und -vereinsautonomie in unmittelbarem Zusammenhang mit der Funktionsfähigkeit ihres Selbstregulierungsmechanismus stehen.

Da sich für die Anerkennung einer originären eigenständigen Vereinsautonomie auch unter Berücksichtigung der historischen Entwicklung des Vereinswesens und der Vereinsgesetzgebung keine Anhaltspunkte finden lassen, ist unter dem Begriff ‚Vereinsautonomie' lediglich die Privatautonomie der Vereine zu verstehen. Die Schranken dieser Autonomie sind daher unter Berücksichtigung der durch Art. 9 Abs. 1 GG garantierten Vereinigungsfreiheit im wesentlichen aus den grundsätzlichen Regelungen des Bürgerlichen Gesetzbuches in den §§ 21 ff. abzuleiten. Dabei ist das Leitmodell des BGB von dem kleinen, vorwiegend geselligen Verein mit freiwilliger Mitgliedschaft und allenfalls lokaler Bedeutung geprägt. Voraussetzung für die vorgesehene weitestgehend eigenständige Regelungs- und Organisationsbefugnis der Vereine ist dabei ein durch freie Ein- und Austrittsmöglichkeit der Mitglieder sowie effektive Mitwirkungsrechte gewährleisteter Selbstregulierungsmechanismus.

Wird die Freiwilligkeit der Mitgliedschaft auf die Wahlmöglichkeit reduziert, einen bestimmten Sport in Vereinen und Verbänden zu betreiben oder hiervon abzusehen, so bedarf es daher eines regulierenden Eingriffs. Da aber insoweit weder die unmittelbare Anwendung der Grundrechte noch die Übernahme der Grundsätze zur Kontrolle „Allgemeiner Geschäftsbedingungen" in Betracht kommen, bedarf es bis zum Inkrafttreten eines speziellen Gesetzes zur Regelung des Sportverbandswesens der Entwicklung eines beweglichen Systems von Schranken der gewährten Autonomie.

Ansatzpunkt einer Schrankenbestimmung ist dabei die vom BGB vorausgesetzte freiwillige Mitgliedschaft. Hat das Mitglied oder der Mitgliedsverein die Möglichkeit, sich der Macht der Korporation durch Austritt zu entziehen, ohne dabei die Verfolgung eigener Interessen aufzugeben, so verbleibt es bei der autonomen Regelungsbefugnis der Vereinigung. Besteht diese Wahlmöglichkeit nicht, so muß insbesondere bei Fragen des Vereinsstrafwesens und der Vereinsaufnahme das bestehende Machtungleichgewicht reguliert werden.

Als Grundlage einer Aufnahmepflicht in Vereine und Verbände kommt dann der Gleichbehandlungsgrundsatz zur Anwendung. Dieser aus dem allgemeinen Gerechtigkeitsgebot abgeleitete Rechtssatz bietet die Möglichkeit, auch unter Berücksichtigung der Rechte der Vereine, den Beitrittswilligen vor unbilligen Benachteiligungen zu schützen und ihm die Verwirklichung seiner Interessen zu gewährleisten. Einer gerichtlichen Überprüfung der Vereinsstrafen bedarf es nur dann, wenn der Betroffene sich der Strafe nicht durch Austritt entziehen kann, sondern auf die Mitgliedschaft in der Korporation angewiesen ist. Steht dem Einzelnen bei Strafen der Sportvereine wenigstens zum Teil diese Wahlmöglichkeit offen, so entfällt sie für die Angehörigen der Sportfachverbände aufgrund deren monopolartiger Stellung.

Bei der Anerkennung einer Verbandsstrafgewalt über den Kreis der unmittelbaren Mitglieder hinaus auf sogenannte Nichtmitglieder müssen ebenso die Grundvoraussetzungen der Selbstregulierungsbefugnis der Vereinigungen berücksichtigt werden. Auch Nichtmitglieder müssen daher als Korrelat ihrer Unterworfenheit unter die Verbandsgewalt neben der speziellen Förderung ihrer Interessen in einem gewissen Umfange die für sie wesentlichen Mitwirkungsrechte erhalten. Allein ihre

Betätigung in einem vom Sportverband organisierten Bereich reicht für Anerkennung einer Verbandsstrafgewalt nicht aus.

Die Grenze der Autonomie deutscher Sportvereine und -verbände wird unmittelbar durch das in den §§ 21 ff. BGB normierte Selbstregulierungsprinzip auf der Grundlage einer freiwilligen Mitgliedschaft bestimmt. Die Entwicklung des Sportwesens ist an dieser Grundentscheidung des Gesetzgebers zu messen.

Literaturverzeichnis

Achterberg, Norbert: Das nachvertragliche Wettbewerbsverbot in verfassungsrechtlicher Sicht, JZ 1975, S. 713 ff.

— Die Bedeutung des Rechtsverhältnisses für die Grundrechtssubjektivität von Organisationen, in: Gedächtnisschrift für Klein, München 1977, S. 1 ff.

Adomeit, Klaus: Heteronome Gestaltungen im Zivilrecht? (Stellvertretung, Weisungsbefugnis, Verbandsgewalt), in: Festschrift für Kelsen, Wien 1971.

Annecke, Rüdiger: Recht sichert die Freiheit — Bericht über den Rechtspolitischen Kongreß der CDU und CSU, ZRP 1976, S. 20 f.

Baecker, Wolfgang: Zur Nachprüfbarkeit von Vereinsstrafen, NJW 1984, S. 906 f.

Ballerstedt, Kurt: Wirtschaftsverfassungsrecht, in: Bettermann / Nipperdey / Scheuner (Hrsg.), Die Grundrechte 3. Band, 1. Halbband, Berlin 1958, S. 1 ff.

— Mitgliedschaft und Vermögen beim rechtsfähigen Verein, in: Festschrift für Knur, München 1972, S. 1 ff.

Bauer, Fritz: Betriebsjustiz, JZ 1965, S. 163.

Bauernfeind, Heinz: Die Mitgliedschaft in Koalitionen, Dissertation, Köln 1957.

— Anmerkung zu BGHZ 28, 131; NJW 1959, S. 379 ff.

Baumann, Wolfgang: Die Vereinsstrafen des Deutschen Fußball-Bundes über die Bundesligavereine, Lizenzspieler und Fußball-Lehrer, Dissertation, Bonn 1971.

Baumbach, Adolf / *Hefermehl,* Wolfgang: Wettbewerbsrecht, 14. Auflage, München 1983.

Becker, Michael N.: Verfassungsrechtliche Schranken für die Regelung des Lizenzfußballsports in der Bundesrepublik Deutschland, Dissertation, Mainz 1982.

Beitzke, Günther: Zur Gleichberechtigung von Mann und Frau im Arbeitsrecht, RdA 1953, S. 281 ff.

Benda, Ernst: Verfassungsrechtliche Aspekte des Umweltschutzes, UPR 1981/82, S. 241 ff.

Bessell, Fritz: Zur richterlichen Überprüfung von internen Vereins- und Betriebsbeschlüssen, Dissertation, Köln 1968.

Bethge, Herbert: Grundrechtsträgerschaft juristischer Personen — Zur Rechtsprechung des Bundesverfassungsgerichts, AöR 104 (1979), S. 54 ff.

— Zur Problematik von Grundrechtskollisionen, München 1977.

Beuthien, Volker: Die richterliche Kontrolle von Vereinsstrafen und Vertragsstrafen, BB Beilage 12/1968 zu Heft 33/1968, S. 1.

Birk, Rolf: Der Aufnahmezwang bei Vereinen und Verbänden, JZ 1972, S. 343 ff.

Bleckmann, Albert: Allgemeine Grundrechtslehren, Köln-Berlin-Bonn- München 1979.

Bodenheimer, Edgar: Rezension zu Hueck, Goetz: Der Grundsatz der gleichmäßigen Behandlung im Privatrecht. München-Berlin 1958, AcP 158 (1959/60), S. 93 ff.

Boehmer, Gustav: Erbrecht, in: Bettermann / Nipperdey / Scheuner (Hrsg.), Die Grundrechte, Bd. II, Berlin 1954, S. 401 ff.

Bötticher, Eduard: Gestaltungsrecht und Unterwerfung im Privatrecht, Berlin 1964.

— Wesen und Arten der Vertragsstrafe sowie deren Kontrolle, ZfA 1970, S. 3.

Bonner Kommentar: Kommentar zum Bonner Grundgesetz, Hamburg 1950 ff.

Brecher, Fritz: Grundrechte im Betrieb, in: Festschrift für Nipperdey II, S. 29 ff., Berlin 1965.

Brox, Hans: Allgemeiner Teil des Bürgerlichen Gesetzbuches, 4. Aufl., Köln-Berlin-Bonn-München 1980.

Bruder, Rudolf: Keine Vereinsstrafgewalt des Deutschen Fußballbundes über Lizenzspieler, MDR 1973, 897 ff.

Buchner, Herbert: Probleme des Verbandsrechts aus der Sicht des deutschen Zivil- und Arbeitsrechts, in: Verbände und europäische Integration, Karl Matthias Meessen (Hrsg.), Baden-Baden 1980, S. 9 ff.

— Die Rechtsverhältnisse im deutschen Lizenzfußball, RdA 1982, S. 1 ff.

Burmeister, Joachim: Sportverbandswesen und Verfassungsrecht, DÖV 1978, S. 1 ff.

Bydlinski, Franz: Bemerkungen über Grundrechte und Privatrecht, ÖZöR 12 (1962/63), S. 423 ff.

— Zu den dogmatischen Grundfragen des Kontrahierungszwanges, AcP 180 (1980), S. 1 ff.

Creifelds: Die Gleichberechtigung der Frau im deutschen Recht, JR 1950, S. 449 ff.

Coing, Helmut: Das Privatrecht und die Probleme der Ordnung des Verbandswesens, in: Festschrift für Flume, Bd. I, Köln 1978, S. 429 ff.

Delius, Hans: Ausschluß aus Vereinen des öffentlichen und des privaten Rechts, VerwArch, Bd. 22 (1914), S. 200 ff.

Dürig, Günter: Freizügigkeit, in: Neumann / Nipperdey / Scheuner (Hrsg.), Die Grundrechte, Bd. II, Berlin 1954, S. 507 ff.

— Grundrechte und Zivilrechtsprechung, in: Festschrift für Nawiasky, München 1956, S. 157 ff.

Dütz, Wilhelm: Rechtsstaatlicher Gerichtsschutz im Privatrecht, Bad Homburg v. d. H. - Berlin - Zürich 1970.

Ehmke, Horst: Wirtschaft und Verfassung. Die Rechtsprechung des Supreme Court zur Wirtschaftsregulierung, Karlsruhe 1961

Emmerich, Volker: Kartellrecht, 4. Auflage, München 1982.

Enneccerus, Ludwig / *Lehmann*, Heinrich: Recht der Schuldverhältnisse, 15. Bearbeitung, Tübingen 1958.

Enneccerus, Ludwig / *Nipperdey*, Hans Carl: Allgemeiner Teil des Bürgerlichen Rechts, 1. u. 2. Halbband, 15. Auflage, Tübingen 1959/1960.

Erichsen, Hans-Uwe: Staatsrecht und Verfassungsgerichtsbarkeit, 2. Auflage, München 1976.

Ermann, Walter: Handkommentar zum Bürgerlichen Gesetzbuch, 6. Auflage, Münster 1975.

Ernst, Rolf: Die Ausübung der Vereinsgewalt, dargestellt an den Befugnissen des Deutschen Fußball-Bundes, Dissertation, Köln 1969.

Flume, Werner: Rechtsgeschäft und Privatautonomie, Hundert Jahre Deutsches Rechtsleben, in: Festschrift des Deutschen Juristentages 1960, Karlsruhe 1960, Bd. I, S. 135 ff.

— Die Vereinsstrafe, in: Festschrift für Bötticher, Berlin 1969, S. 101.

— Allgemeiner Teil des Bürgerlichen Rechts, 2. Bd. Das Rechtsgeschäft, 3. Auflage 1979.

Frankfurter Kommentar: Kommentar zum Gesetz gegen Wettbewerbsbeschränkungen von Heinz Haufmann, Hans Gunther Rautmann, Helmuth von Hahn, Dietrich Hoffmann, Max Kreifels, Martin Frühauf, Jürgen Lehmann, Peter Erlinghagen, Köln 1958/64.

Friauf, Karl Heinrich: Bemerkungen zur verfassungsrechtlichen Problematik des Subventionswesens, DVBl 1966, S. 729 ff.

Fuchs, Dieter: Satzungsautonomie und Aufnahmezwang nach dem GWB, NJW 1965, S. 1509 ff.

Füllgraf, Lutz: Der Lizenzfußball. Eine vertragliche Dreierbeziehung im Arbeitsrecht, Berlin 1981.

Galperin, Hans: Vereinsautonomie und Kontrahierungszwang im Koalitionsrecht, DB 1969, S. 704 ff.

Gammillscheg, Franz: Die Grundrechte im Arbeitsrecht, AcP 164 (1964), 385 ff.

Geiger, Willi: Die Grundrechte in der Privatrechtsordnung, Stuttgart.

Gemeinschaftskommentar: Gesetz gegen Wettbewerbsbeschränkungen und Europäisches Kartellrecht, herausgegeben von Hans Müller-Henneberg und Gustav Schwartz, 3. Auflage, Köln - Berlin - Bonn - München 1972 ff.

Gerber, Hans: Über den Begriff der Autonomie, AcP 37 (1854), S. 35 ff.

Gesetz gegen Wettbewerbsbeschränkungen: Kommentar zum Kartellgesetz, Immenga / Mestmäcker (Hrsg.), München 1981.

v. Gierke, Otto: Die Grundbegriffe des Staatsrechts und die neuesten Staatstheorien, ZgesStW 30 (1874), S. 153 ff., 265 ff.

— Deutsches Privatrecht, 1. Band, Allgemeiner Teil und Personenrecht, München - Leipzig 1895/1936.

— Die Genossenschaftstheorie und die deutsche Rechtsprechung, Berlin 1897.

Graf, Fritz: Das Vertragsspielerstatut, Dissertation, Mainz 1954.

Grossfeld, Bernhard: Die Privatstrafe, Berlin 1961.

Grunewald, Barbara: Vereinsaufnahme und Kontrahierungszwang, AcP 182 (1982), S. 181 ff.

Habscheid, Walther: Der nicht rechtsfähige Verein zwischen juristischer Person und Gesellschaft, AcP 155 (1956), S. 375 ff.

— Vereinsautonomie, Vereinsgerichtsbarkeit und ordentliche Gerichtsbarkeit, in: Schroeder, Friedrich-Christian / Kaufmann, Hans (Hrsg.), Sport und Recht, Berlin - New York 1972, S. 158 ff.

Häberle, Peter: Die Wesensgehaltsgarantie des Art. 19 Abs. 2 Grundgesetz, Karlsruhe 1962.

— Zeit und Verfassung, ZfPol 21 (1974), S. 111 ff.

Hadding, Walter: Korporationsrechtlich oder rechtsgeschäftliche Grundlage des Vereinsrechts, in: Festschrift für Fischer, Berlin 1979, S. 165 ff.

Hamann, Andreas / *Lenz*, Helmut: Das Grundgesetz für die Bundesrepublik Deutschland. Ein Kommentar für Wissenschaft und Praxis, 3. Auflage, Neuwied - Berlin 1970.

Hamel, Walter: Anmerkung zum Urteil des BGH vom 2. 4. 1957, DVBl 1957, S. 618 ff.

Hattenhauer, Hans: Einführung in die Geschichte des Preußischen Allgemeinen Landrechts für die Preußischen Staaten von 1794, Frankfurt - Berlin 1970.

Heckelmann, Dieter: Der Idealverein als Unternehmer? — Ein Beitrag zur Abgrenzung des wirtschaftlichen vom Idealverein, dargestellt am Beispiel der Fußballbundesliga, AcP 179 (1979), 1 ff.

Hedemann, J. W.: Ausstoßung aus Vereinen, Archiv f. bürgerliches Recht, Bd. 38 (1913), S. 132 ff.

Heimann, Norbert: Die Schiedsgerichtsbarkeit der politischen Parteien in der Bundesrepublik Deutschland, Dissertation, Köln 1976.

Henke, Wilhelm: Das subjektive öffentliche Recht im System des öffentlichen Rechts, DÖV 1980, 621 ff.

Henckel, Wolfram: Vorbeugender Rechtsschutz im Zivilrecht, AcP 174 (1974), S. 97 ff.

Herrmann, Harald: Funktionsgerechtes Privat- und Wirtschaftsrecht für die vereinsrechtlich organisierten Wirtschaftsverbände, AcP 178 (1978), S. 69 ff.

Hesse, Konrad: Bestand und Bedeutung der Grundrechte in der Bundesrepublik Deutschland, EuGRZ 1978, S. 427 ff.

— Grundzüge des Verfassungsrechts der Bundesrepublik Deutschland, 14. Auflage, Heidelberg 1984.

Holzschuher, Veit: Soziale und ökonomische Hintergründe der Kartellbewegung, Dissertation, Erlangen 1962.

Horschitz, Harald: Vereinsstrafe — Betriebsstrafe — Vertragsstrafe, dargestellt am Beispiel des deutschen Lizenzfußballers, Dissertation, Heidelberg 1970.

Ipsen, Hans Peter: Gleichheit, in: Neumann / Nipperdey / Scheuner (Hrsg.), Die Grundrechte, Bd. II (1954), Berlin, S. 111 ff.

— Verwaltung durch Subventionen, VVDStRL 25 (1967), S. 257 ff.

Isensee, Josef: Das Grundrecht auf Sicherheit — zu den Schutzpflichten des freiheitlichen Verfassungsstaats, Berlin - New York 1983.

Jellinek, W.: Die Entlohnung der Frau und Artikel 3 Absatz 2 des Grundgesetzes, BB 1950, S. 425 ff.

Jötten, Wolfgang Jürgen: Vereinsautonomie und Grundrechtsschutz der Vereinsmitglieder, Dissertation, Köln 1976.

Kaufmann, Hans: Vereinsautonomie und Verfassung, Sportwissenschaft 1981, S. 198 f.

Kilian, Wolfgang: Kontrahierungszwang und Zivilrechtssystem, AcP 180 (1980), S. 47 ff.

Klein, Hans Hugo: Die Grundrechte im demokratischen Staat, Stuttgart - Berlin - Köln - Mainz 1972.

Knauth, Klaus-Wilhelm: Rechtsformverfehlung bei eingetragenen Vereinen mit wirtschaftlichem Geschäftsbetrieb, dargestellt am Beispiel der Bundesliga-Fußballvereine, Dissertation, Köln 1976.

Krawietz, Werner: Gewährt Art. 1 Abs. 1 GG dem Menschen ein Grundrecht auf Achtung und Schutz seiner Würde?, in: Gedächtnisschrift für Klein, München 1977, S. 245 ff.

Krüger, Herbert: Die Verfassungen in der Zivilrechtsprechung, NJW 1949, S. 163 ff.

Krüger, Hildegard: Grundrechtsausübung durch Jugendliche (Grundrechtsmündigkeit) und elterliche Gewalt, FamRZ 1956, S. 329 ff.

Kübler, Friedrich: Verbände in der Demokratie und ihre Regelungsprobleme, in: Verhandlungen des 52. Deutschen Juristentages, Bd. II, Sitzungsbericht Teil P, München 1978.

— Gesellschaftsrecht, Heidelberg - Karlsruhe 1981.

Laufke, Franz: Vertragsfreiheit und Grundgesetz, in: Festschrift für Lehmann, Berlin - Tübingen - Frankfurt 1956, Bd. I, S. 145 ff.

Larenz, Karl: Zur Rechtmäßigkeit einer „Vereinsstrafe“, in: Gedächtnisschrift für Dietz, München 1973, S. 45.

— Allgemeiner Teil des Deutschen Bürgerlichen Rechts — Ein Lehrbuch, 5. Auflage, München 1980.

— Lehrbuch des Schuldrechts, Bd. 1, Allgemeiner Teil, 12. Auflage, München 1979.

— Methodenlehre der Rechtswissenschaft, 5. Auflage, Berlin - Heidelberg - New York - Tokyo 1983.

Lehmann, Heinrich: Allgemeiner Teil des Bürgerlichen Gesetzbuches, neu bearbeitet von Heinz Hübner, 16. Auflage, Berlin 1966.

Lehmann, Heinrich / *Dietz*, Rolf: Gesellschaftsrecht, 3. Auflage, Berlin - Frankfurt 1970.

Leibholz, Gerhard / *Rupprecht*, Reinhard: Bundesverfassungsgerichtsgesetz, Köln 1968; Nachtrag 1971.

Leisner, Walter: Grundrechte und Privatrecht, München 1960.

— Rezension zu Schwabe, Jürgen: Die sogenannte Drittwirkung der Grundrechte, München 1971, JZ 1973, S. 187 f.

Leist, Alexander: Untersuchungen zum inneren Vereinsrecht, Jena 1904.

Lessmann, Herbert: Die öffentlichen Aufgaben und Funktionen privatrechtlicher Wirtschaftsverbände, Köln 1976.

— Die Verbände in der Demokratie und ihre Regelungsprobleme, NJW 1978, S. 1545.

Lohbeck, Eckhart: Die Vereinsordnungen, MDR 1972, S. 381 ff.

Lotz, Johann / *Friedrich*, Eusebius: Über den Begriff der Polizei und den Umfang der Staatspolizeigewalt, Hildenburghausen 1807.

Lukes, Rudolf: Der Satzungsinhalt beim eingetragenen Verein und die Abgrenzung zu sonstigen Vereinsregelungen, NJW 1972, S. 121 ff.

— Erstreckung der Vereinsgewalt auf Nichtmitglieder durch Rechtsgeschäft, in: Festschrift für Westermann, Karlsruhe 1974, S. 352 ff.

Lutter, Marcus: Theorie der Mitgliedschaft — Prolegomena zu einem Allgemeinen Teil des Korporationsrechts —, AcP 180 (1980), S. 84 ff.

Märkle, Rudi: Der Verein im Zivil- und Steuerrecht, 3. Auflage, Stuttgart - München - Hannover 1978.

von Mangoldt, Hermann / *Klein*, Friedrich: Das Bonner Grundgesetz (Kommentar), Bd. I, 2. Auflage, Berlin - Frankfurt, unveränderter Nachdruck 1966.

Marburger, Peter: Die Regeln der Technik im Recht, Köln - Berlin - Bonn - München 1979.

Maunz, Theodor / *Dürig*, Günter / *Herzog*, Roman / *Scholz*, Rupert: Grundgesetz, Kommentar, 4. Auflage, München 1978.

Maunz, Theodor: Deutsches Staatsrecht — ein Studienbuch, 23. Auflage, München 1980.

Mayntz, Renate: Soziologie der Organisation, Hamburg 1963.

Medicus, Dieter: Bürgerliches Recht, 11. Auflage, Köln - Berlin - Bonn - München 1983.

Menger, Christian-Friedrich: Zur Geschichte der Vereinskonzession, Untersuchungen über die Frage der Mitwirkung des Staates bei der Begründung selbständiger Verbandspersonen in der deutschen Rechtsgeschichte, Dissertation, Göttingen 1940.

Merkel, Klaus: Verfassungsrechtliche Aspekte der privaten Strafgewalt — Eine verfassungsrechtliche Studie zur „Gerichtsbarkeit" der Vereine und Betriebe, Dissertation, Saarbrücken 1974.

Mestmäcker, Ernst-Joachim: Über das Recht der Wettbewerbsbeschränkungen zum Privatrecht, AcP 168 (1968), S. 235 ff.

Meyer-Cording, Ulrich: Monopol und Marktbeherrschung als Rechtsproblem, Tübingen 1954.

— Die Vereinsstrafe, Tübingen 1957.

— Die Vereinsstrafe in der Rechtsprechung des BGH, JZ 1959, S. 649 ff.

— Der Gleichheitssatz im Privatrecht und das Wettbewerbsrecht, in: Festschrift für Nipperdey, Berlin 1965, Bd. 2, S. 537 ff.

— Betriebsstrafe und Vereinsstrafe im Rechtsstaat, NJW 1966, S. 225 ff.

— Die Rechtsnormen, Tübingen 1971.

Müller, Gerhard: Drittwirkung von Grundrechten und Sozialstaatsprinzip, RdA 1964, S. 121 ff.

Müller-Erzbach, Rudolf: Das private Recht der Mitgliedschaft als Prüfstein eines kausalen Rechtsdenkens, Weimar 1948.

Müller, Heinz / *Gries*, Gerhard / *Giessler*, Peter: Kommentar zum Gesetz gegen Wettbewerbsbeschränkungen (Kartellgesetz), 3. Auflage, Frankfurt 1980.

v. Münch, Ingo: Die Bindung des Gesetzgebers an den Gleichheitssatz bei der Gewährung von Subventionen, AöR 85 (1960), S. 270 ff.

— Grundgesetz — Kommentar, Bd. I, 1. Auflage München 1975, 2. Auflage München 1981.

Münchner Kommentar: Münchner Kommentar zum Bürgerlichen Gesetzbuch, Bd. 1, München 1978.

Mugdan, B.: Die gesammelten Materialien zum Bürgerlichen Gesetzbuch für das Deutsche Reich, Bd. I, Allgemeiner Teil, Berlin 1899.

Nicklisch, Fritz: Schiedsgerichtsklauseln und Gerichtsstandsvereinbarungen in Verbandssatzungen und Allgemeinen Geschäftsbedingungen, BB 1972, S. 1285 ff.

— Verbandsmacht und einstweiliger Rechtsschutz, Berlin 1974.

— Der verbandsrechtliche Aufnahmezwang und die Inhaltskontrolle satzungsmäßiger Aufnahmevoraussetzungen, JZ 1976, S. 105 ff.

— Gesetzliche Anerkennung und Kontrolle von Verbandsmacht — Zur rechtspolitischen Diskussion um ein Verbandsgesetz, in: Festschrift für Schiedermair, München 1976, S. 459 ff.

— Selbstordnung des Sports durch Verbände aus der Sicht des Zivilrechts, in: Verbandsautonomie und Verfassungsrecht, Schriftenreihe „Berichte und Analysen", Heft 52, herausgegeben vom Deutschen Sportbund 1979, S. 4 ff.

— Inhaltskontrolle von Verbandsnormen, Heidelberg 1982.

Nipperdey, Hans-Carl: Gleicher Lohn der Frau für gleiche Leistung. Ein Beitrag zur Auslegung der Grundrechte, RdA 1950, S. 121 ff.

— Gleicher Lohn für gleiche Leistung, BB 1951, S. 282.

— Die Würde des Menschen, in: Neumann / Nipperdey / Scheuner (Hrsg.), Die Grundrechte, Bd. II, Berlin 1954, S. 1 ff.

— Freie Entfaltung der Persönlichkeit, in: Bettermann / Nipperdey / Scheuner (Hrsg.), Die Grundrechte, Bd. IV, 2. Halbband, Berlin 1960, S. 741 ff.

— Boykott und freie Meinungsäußerung, DVBl 1958, S. 445 ff.

— Grundrechte und Privatrecht, Festschrift für Molitor, München - Berlin 1962, S. 17 ff.

Oechsle, Manfred: Zur wesensgemäßen Anwendung der Grundrechte auf juristische Personen des Zivilrechts, Dissertation, Tübingen 1960.

Oertmann, Paul: Die rechtliche Natur der Vereinssatzung, Archiv f. Rechts- und Sozialphilosophie 7 (1913/14), S. 127 ff.

Osthoff, Karl-Heinz: Rechts- und sittenwidrige Entscheidungsbeschränkungen für Berufssportler, insbesonders für Lizenzfußballspieler, Dissertation, Bochum 1983.

Otto, Hansjörg: Personale Freiheit und soziale Bindung — Zur Kontrolle und Gewährleistung personal motivierten Verhaltens im Privatrecht, München 1978.

Palandt: Bürgerliches Gesetzbuch, Kommentar, 43. Auflage, München 1984.

Perelman, Chaïm: Gleichheit und Gerechtigkeit, Rechtstheorie 1979, S. 385 ff.

Pietzacker, Jost: Anmerkung zu OLG Düsseldorf — Urteil vom 12. 2. 1980, DÖV 1981, S. 539 f.

Planck: Kommentar zum Bürgerlichen Gesetzbuch, 4. Auflage, Bd. I, Berlin 1913.

Porschenrieder, Franz-Joachim: Sport als Arbeit — Konsequenzen aus arbeitsrechtlicher Sicht unter Einbeziehung der Grundrechte, Dissertation, München 1977.

Preis, Bernd: Die Sportgerichtsbarkeit des Deutschen Fußball-Bundes (DFB) und die „Bestechungsfälle" in der Bundesliga, DB 1971, S. 1570 ff.

— Schiedsverträge innerhalb von sozialen Gewaltverhältnissen, dargestellt am Beispiel des zwischen dem Deutschen Fußball-Bund und den Lizenzspielern abgeschlossenen Schiedsvertrages, DB 1972, S. 1723 ff.

— Der Lizenzspieler im Bundesligafußball, Frankfurt 1973.

Raiser, Ludwig: Grundgesetz und Privatrechtsordnung (Verhandlungen des 46. Deutschen Juristentages Bd. II Teil B), München - Berlin 1967.

Rauball, Reinhard: Der Bundesligaskandal, Berlin - New York 1972.

Rauschning, Dietrich: Staatsaufgabe Umweltschutz, VVDStRL 38 (1980), S. 167 ff.

Reichert, Bernhard: Grundriß des Sportrechts und des Sporthaftungsrechts, Neuwied 1968.

Reichert, Bernhard / *Dannecker*, Franz / *Kühr*, Christian: Handbuch des Vereins- und Verbandsrechts, unter Mitarbeit von Lothar Zysk, 2. Auflage, Neuwied und Darmstadt 1977.

Reiss, Günter: Die Strafgewalt der Vereine, Dissertation, Köln 1968.

Reuter, Dieter: Grenzen der Verbandsstrafgewalt, Zsf. Unternehmens- u. Gesellschaftsrecht 1980, S. 101 ff.

Reichsgerichtsräte — Kommentar (RGRK): Das bürgerliche Gesetzbuch mit besonderer Berücksichtigung der Rechtsprechung des Reichsgerichts und des Bundesgerichtshofs, Kommentar, herausgegeben von Mitgliedern des Bundesgerichtshofes, 12. Auflage, Berlin und New York, seit 1974.

Rinck, Gerd: Einwirkungen des Kartellrechts auf das allgemeine Privatrecht, in: Festschrift für Wieacker, Göttingen 1978, S. 476 ff.

Rupp, Hans Heinrich: Verfassungsrecht und Kartelle, in: Wettbewerb als Aufgabe, Bad Homburg 1968, S. 187 ff.

— Vom Wandel der Grundrechte, AöR 101 (1976), S. 161 ff.

Säcker, Franz-Jürgen: Gruppenautonomie und Übermachtkontrolle im Arbeitsrecht, Berlin 1972.

Saladin, Peter: Grundrechte im Wandel, Bern 1970.

Samstag, Peter: Der Spielerwechsel im bezahlten Fußball — zugleich eine Erörterung der Grenzen der Verbandsgewalt des DFB, Dissertation, Gießen 1970.

Sauter, Eugen / *Schweyer*, Gerhard: Der eingetragene Verein, 12. Auflage, München 1983.

Simon, Thomas: Die Rechtsprechung des 19. und beginnenden 20. Jahrhunderts zur Möglichkeit gerichtlicher Nachprüfung von Vereinsentscheidungen, Dissertation, Frankfurt 1972.

Soergel, Th.: Bürgerliches Gesetzbuch, Kommentar begründet von Hs. Th. Soergel, neu herausgegeben von Wolfgang Siebert; 11. Auflage: Bd. 1, Allgemeiner Teil, Stuttgart - Berlin - Köln - Mainz 1978; 10. Auflage: Bd. 2, Schuldrecht I (§§ 241 - 610), Stuttgart - Berlin - Köln - Mainz 1967.

Spieß, Wolfgang: Zur Dogmatik der Vereinsstrafe, Dissertation, Freiburg i. Br. 1967.

Suhr, Dieter: Entfaltung der Menschen durch die Menschen. Zur Grundrechtsdogmatik der Persönlichkeitsentfaltung der Ausübungsgemeinschaften und des Eigentums, Berlin 1976.

Sunderdiek, Günther: Das Disziplinarstrafrecht des Sports, Dissertation, Jena 1937.

Schennen, Detlef: Die Verfassungsmäßigkeit von Ablösesummen im Berufsfußball, Dissertation, Münster 1984.

Schlosser, Peter: Prozessuale Fragen um den privatrechtlichen Vereinsakt. Eine Studie unter besonderer Berücksichtigung des Rechts der Sportverbände, MDR 1967, S. 884 ff., 961 ff.

— Vereins- und Verbandsgerichtsbarkeit, München 1972.

Schlosser, Peter / *Coester-Waltjen*, Dagmar / *Graba*, Hans-Ulrich: Kommentar zum Gesetz zur Regelung des Rechts der Allgemeinen Geschäftsbedingungen, Berlin 1977.

Schmid, Karsten: Der Zivilrichter als „Schöpfer" und „Vollstrecker" wirtschaftlicher Normen, DRiZ 1977, S. 97 ff.

— Kartellverfahrensrecht — Kartellverwaltungsrecht — Bürgerliches Recht, Köln- Berlin - Bonn - München 1977.

Schmidt-Rimpler, Walter / *Gieseke*, Paul / *Friesenhahn*, Ernst / *Knur*, Alexander: Die Lohngleichheit von Männern und Frauen, AöR 76 (1950/51), S. 165 ff.

Schnapp, Friedrich: Gemeinden als Grundrechtsträger, Der Städtetag 1969, S. 534 ff.

Schneider, Uwe H.: Die Änderung des Gesellschaftsvertrages einer Personengesellschaft durch Mehrheitsbeschluß, ZGR 1972, S. 357 ff.

— Mehrheitsprinzip und Mitwirkungserfordernis bei Gesellschafterbeschlüssen, Die Aktiengesellschaft 1979, S. 57 ff.

Schober, Alfred: Die Vereinsautonomie, Dissertation, Heidelberg 1936.

Schwabe, Jürgen: Die sogenannte Drittwirkung der Grundrechte, München 1971.

— Bundesverfassungsgericht und „Drittwirkung" der Grundrechte, AöR 100 (1975), S. 442 ff.

— Probleme der Grundrechtsdogmatik, Darmstadt 1977.

Schweighard, Hubert: Die Bestrafung eines Lizenzspielers durch die Sportgerichtsbarkeit des Deutschen Fußball-Bundes, Dissertation, Augsburg 1973.

Staudinger, J.: Kommentar zum Bürgerlichen Gesetzbuch mit Einführungsgesetz und Nebengebieten, 12. Auflage, Berlin 1980 ff.

v. Stechow, Alexander: Die Frage des Rechts auf Aufnahme in Koalitionen, Dissertation, Köln 1970.

Stein, Ekkehart: Staatsrecht, 7. Auflage, Tübingen 1980.

Stern, Klaus: Die Grundrechte der Sportler, in: Schroeder, Friedrich-Christian / Kaufmann, Hans (Hrsg.), Sport und Recht, Berlin - New York 1972, S. 142 ff.

— Der Schlußbericht der Enquête-Kommission Verfassungsreform des Deutschen Bundestages, ZRP 1977, S. 12 ff.

Stober, Rolf: Staatsgerichtsbarkeit und Schiedsgerichtsbarkeit, NJW 1979, S. 1001 ff.

Strieth, Carl: Sind die einzelnen Mitglieder eines einem Verein korporativ beigetretenen Vereins auch Mitglieder des ersteren?, Dissertation, Göttingen 1933.

Studienkommentar: Studienkommentar zum BGB, Erstes bis Drittes Buch (§§ 1 - 1296), Frankfurt 1975.

Sturm, Gerd: Probleme eines Verzichts auf Grundrechte, in: Festschrift für Geiger, Tübingen 1974, S. 173 ff.

Teubner, Günther: Organisationsdemokratie und Verbandsverfassung, Tübingen 1978.

— Zu den Regelungsproblemen der Verbände — Neo-Korporatismus und innerverbandliche Opposition —, JZ 1978, S. 545 ff.

Thiele, Wolfgang: Die Zustimmung in der Lehre vom Rechtsgeschäft, Köln - Berlin - Bonn - München 1966.

Thieme, Hans: Allgemeines Landrecht, in: Handwörterbuch zur Deutschen Rechtsgeschichte (HRG), herausgegeben von Erler und Kaufmann, Bd. I, Berlin 1971, Sp. 99 ff.

Thomas, Heinz / *Putzo*, Hans: Zivilprozeßordnung, Kommentar, München 1981.

v. Tuhr, Andreas: Der Allgemeine Teil des Deutschen Bürgerlichen Rechts, 1. Bd. Allgemeine Lehren und Personenrecht, Berlin 1910/1957; 2. Bd. 1. Hälfte, Die rechtserheblichen Tatsachen insbesondere das Rechtsgeschäft, Berlin 1914/1957.

Ulmer, Peter / *Brandner*, Hans Erich / *Hensen*, Horst-Dieter: HGB-Gesetz, Kommentar, 3. Auflage, Köln 1978.

Vieweg, Klaus: Die gerichtliche Nachprüfung von Vereinsstrafen und -entscheidungen, JZ 1984, S. 167.

Vogt, Dieter: Die Drittwirkung der Grundrechte und Grundrechtsbestimmungen des Bonner Grundgesetzes, Dissertation, Münster 1966.

Vollkommer, Max: Zum Rechtsschutz von Lizenzspielern und Lizenzvereinen durch staatliche Gerichte gegenüber der sog. Sportgerichtsbarkeit des DFB, RdA 1982, S. 16 ff.

— Zum Lizenzerteilungsstreit im Bundesligafußball, NJW 1983, S. 726 f.

Vollmer, Lothar: Satzungsmäßige Schiedsklauseln — zugleich ein Beitrag zum Rechtsschutz in inneren Vereinsangelegenheiten, Bad Homburg v. d. H. - Berlin - Zürich 1970.

Weiland, Bernd H.: Keine Lizenzen für bilanzschwache Fußballvereine?, NJW 1978, S. 737 ff.

— Die Rechtsstellung des Lizenzspielers in der Fußball-Bundesliga — zugleich ein Beitrag zur allgemeinen Verbände-Diskussion, Dissertation, Frankfurt 1980.

Werner, Olaf: Die Aufnahmepflicht Privatrechtlicher Vereine und Verbände — zugleich ein Beitrag zum Spannungsverhältnis zwischen privater Macht und Privatautonomie. Unveröffentlichte Habilitationsschrift, Göttingen 1982.

Westermann, Harm Peter: Die Verbandsstrafgewalt und das allgemeine Recht, Bielefeld 1972.

— Zum Vertragsrecht im bezahlten Fußballsport, JA 1984, S. 394 ff.

Wieacker, Franz: Das Bürgerliche Recht im Wandel der Gesellschaftsordnungen, Hundert Jahre Deutsches Rechtsleben, in: Festschrift des Deutschen Juristentages 1960, Karlsruhe 1960, Bd. II, S. 1 ff.

Wiedemann, Herbert: Gesellschaftsrecht, 4. Auflage, München 1976.

Wolf, Manfred: Gleichbehandlungsgrundsatz und privatrechtliches Teilhaberecht, in: Festschrift für Raiser, Tübingen 1974, S. 597 ff.

Wolff, Hans / *Bachof*, Otto: Verwaltungsrecht, Bd. I, 9. Auflage, München 1974.

Zacher, Hans F.: Verwaltung durch Subventionen, VVDStRL 25 (1967), S. 308 ff.

Zippelius, Reinhold: Allgemeine Staatslehre, 4. Auflage, München 1973.

Zöllner, Wolfgang: Betriebsjustiz, ZZP 83 (1970), S. 365 ff.

Kolibri 360 GmbH
Ferdinand-Jühlke-Straße 7
99095 Erfurt, Deutschland
produktsicherheit@kolibri360.de

Druck:
CPI Druckdienstleistungen GmbH
im Auftrag der
Kolibri 360 GmbH
Ferdinand-Jühlke-Str. 7
99095 Erfurt